中国社会科学院马克思主义理论学科建设与理论研究工程资助项目

居安思危·世界社会主义小丛书

新中国史是坚持和发展中国特色社会主义的必修课

朱佳木　著

当代中国出版社
Contemporary China Publishing House

图书在版编目(CIP)数据

新中国史是坚持和发展中国特色社会主义的必修课 / 朱佳木著 . -- 北京 : 当代中国出版社 , 2024.11

ISBN 978-7-5154-1393-8

Ⅰ . ①新… Ⅱ . ①朱… Ⅲ . ①中国历史—现代史—学习参考资料 Ⅳ . ① K27

中国国家版本馆 CIP 数据核字（2024）第 105441 号

出 版 人　蔡继辉
责任编辑　陈　莎
责任校对　贾云华　康　莹
印刷监制　刘艳平
封面设计　鲁　娟
出版发行　当代中国出版社
地　　址　北京市地安门西大街旌勇里 8 号
网　　址　http://www.ddzg.net
邮政编码　100009
编 辑 部　（010）66572180
市 场 部　（010）66572281　66572157
印　　刷　中国电影出版社印刷厂
开　　本　787 毫米 × 1092 毫米　1/32
印　　张　7.75 印张　1 插页　107 千字
版　　次　2024 年 11 月第 1 版
印　　次　2024 年 11 月第 1 次印刷
定　　价　20.00 元

居安思危 · 世界社会主义小丛书

编　委　会

我们愿做报春鸟

——《居安思危·世界社会主义小丛书》总序

中国社会科学院原副院长
世界社会主义研究中心主任、研究员
李慎明

《居安思危·世界社会主义小丛书》是中国社会科学院世界社会主义研究中心奉献给广大读者的一套普及科学社会主义常识的理论读物，也是我们集中院内外相关专家学者长期研究、精心撰写的一套严肃的理论著作。

为适应快节奏的现代生活，每册书的字数一般限定在 4 万字左右。这样的篇幅，有助于读者在工作之余或旅行途中一次看完。从 2012 年 7 月开始，在 10 年内，这套小丛书争取推出100册左右。

这是一套“小”丛书，涉及的却是国内外重大理论和现实问题。主要介绍科学社会主义基本理论及重要观点的创新、国际共产主义运动中重大历史事件和重要领袖人物（其中包括反面角色）、各主要国家共产党当今理论实践及发展趋势等，兼以回答人们心头常常涌现的相关疑难问题，并以反映国外当今社会主义理论与实践为主，兼顾我国的革命、建设和改革开放事业。

从一定意义上讲，理论普及读物更难撰写。围绕科学社会主义特别是世界社会主义一系列重大理论和现实问题，在有限的篇幅内，把立论、论据和论证过程等，用通俗、清新、生动的语言将事物本质与规律讲清楚，做到吸引人、说服人，实非易事。这无疑是对专业理论工作者的一个挑战。然而，我们愿意为此作出努力。

目前这场正在深化的国际金融危机的总根源，是东欧剧变和苏联亡党亡国之后全球范围内贫富两极的急遽分化。国际金融危机已经整整10个年头。但在笔者看来，再过8年、10年，国际金融危机的阴影也仍然挥之不去。主要是因为以“互联网+人工智能”等为代表的新的高科技革命和新的生产工具的诞生与发展，极大地提高了全球范围内的社会生产力，但同时也加剧了全球范围内的财富占有和收入分配的贫富两极分化。正如马克思所强调的：在资本主义社会，“文明的一切进步，或者换句话说，社会生产力（也可以说劳动本身的生产力）的任何增长，——例如科学、发明、劳动的分工和结合、交通工具的改善、世界市场的开辟、机器等等，——都不会使工人致富，而只会使资本致富”[①]。这也就是说，在资本主义生产关系框架之内，从总体和本质上说，资本愈是富有，广大劳动群众则必然愈是贫穷；广大劳动群众愈是贫穷，社会的有效需求则必然愈加减少。以美国为首的西方资本主义世界主导的经济全球化，必然使全球范围内广大民众愈加贫穷，社会的相对需求急遽减少。我们还可以作出这样的预言：在未来二三十年内，在全球范围内，大量的智能机器人会更多

① 《马克思恩格斯全集》第 46 卷上册，人民出版社 1979 年版，第 268 页。

地挤占现有的人工工作岗位，无人工厂会如雨后春笋般地在世界各地涌现。这一进程，可能比我们常人所想象的要快得多；其覆盖面，可能比我们常人想象的要更为广阔。试想，资本家都不雇佣工人了，普通百姓都没有工资了，谁来购买这些物美价廉的产品呢？各垄断资本集团之间追寻高额利润的残酷竞争——引发新的高新科技发展特别是智能机器人的普及——导致新的工人大量失业——社会相对需求减少——引发更多工厂破产和工人失业——加剧减少新的社会相对需求——进一步触发新的工厂破产，这一逻辑必然会形成一轮又一轮的恶性循环，不断加剧全球范围内的贫富两极分化。2008 年爆发的国际金融危机在本质上就是资本主义的经济、政治和文化价值观的全面危机，是高度发达的社会生产力即生产社会化乃至生产全球化与现存的生产关系即生产资料被极少数人占有这一资本主义基本矛盾的一次总爆发。历史已经反复证明，这一基本矛盾在资本主义生产关系的框架内根本无法解决。随着这一矛盾的不断发展和深化，可以断言，更大的金融灾难必将在紧随其后的一些年内接连爆发。

凭栏静听潇潇雨，世界人民有所思。这场危机推动着世界各国、各界特别是发达国家和广大发展中国家的普通民众进一步深入思考。可以说，又一轮人类思想大解放的春风已经起于青蘋之末。然而，春天往往会有“倒春寒”，在特定的条件下，人类社会也有可能还会遇到新的更大灾难，世界社会主义还有可能步入新的更大的低谷。但我们坚信，青山遮不住，毕竟东流去。世界社会主义在21世纪中叶前后，极有可能又是一个无比灿烂的春天。我们这套小丛书，愿做这个春天的报春鸟。

“沧海横流，方显出英雄本色。”目前，中国各族人民正更加紧密地团结在以习近平同志为核心的党中央周围，在以马克思列宁主义、毛泽东思想和中国特色社会主义理论体系，特别是习近平新时代中国特色社会主义思想的指引下，沉着、坚定地迈向无比美好的春天。我们对中国共产党和中华人民共和国的社会主义事业充满信心！

现在，各出版发行企业都在市场经济中弄潮，出版社不赚钱就不能生存，但我们希望这套小丛书每册定价要适度，相关方面在获取适当的利润后，让利于普通民众，让普通民众买得起、读得起。买的人多了，发行量大了，就会产生规模效益。

敬希社会各界对这套丛书进行批评指导，同时也真诚期待有关专家学者和从事实际工作的各级领导及各方面的人士，积极为我们撰稿、投稿。我们选取稿件的标准，就是符合本丛书要求的题材、质量、风格及字数。

2018 年 5 月 5 日

目录 | CONTENTS

前　言

党的十八大以来，以习近平同志为核心的党中央对新中国史的学习和研究、宣传、教育给予了前所未有的重视。习近平总书记每当讲到党史，往往与国史并提。他说："要认真学习党史、国史，知史爱党，知史爱国。要了解我们党和国家事业的来龙去脉，汲取我们党和国家的历史经验，正确了解党和国家历史上的重大事件和重要人物。""历史是最好的教科书。学习党史、国史，是坚持和发展中国特色社会主义、把党和国家各项事业推向前进的必修课。这门课不仅是必修课，而且必须修好。要继续加强对党史、国史的学习，在对历史的深入思考中做好现实工作、更好走向未来，不断交出坚持和发展中国特色社会主义的合格答卷。"① 在 2019 年全

① 《习近平在中共中央政治局在第七次集体学习时强调 在对历史的深入思考中更好走向未来 交出发展中国特色社会主义合格答卷》,《人民日报》2022 年 11 月 17 日。

党“不忘初心、牢记使命”主题教育期间，主题教育领导小组根据他的指示发出通知，强调：“要把认真学习领悟党史、新中国史作为牢记党的初心和使命的重要途径，组织引导党员、干部认真学习党史、新中国史，了解党史、新中国史的重大事件、重要会议、重要文件、重要人物，了解我们党领导人民进行艰苦卓绝的斗争历程，了解中国近代以来170多年的斗争史、我们党98年奋斗史、新中国70年的发展史，了解我们党的光荣传统、宝贵经验和伟大成就。”[①] 习近平总书记还把新中国史与党史、改革开放史、社会主义发展史合在一起，要求全党和高等院校认真学习这四史。在党的二十大报告中，他再次强调：要“持续抓好党史、新中国史、改革开放史、社会主义发展史宣传教育，引导人民知史爱党、知史爱国。”[②]2022年12月8日，中华人民共和国

① 《中央“不忘初心、牢记使命”主题教育领导小组印发〈通知〉认真学习党史、新中国史》,《人民日报》2019年8月1日。

② 《高举中国特色社会主义伟大旗帜 为全面建设社会主义现代化国家而团结奋斗——在中国共产党第二十次全国代表大会上的报告》，人民出版社2022年版，第44页。

国史学会成立30周年当天，习近平总书记又特地发来贺信，在对国史学会全体同志和全国广大国史研究者表示热烈祝贺的同时，希望国史学会“进一步团结全国广大国史研究工作者，牢牢把握国史的主题主线、主流本质，不断提高研究水平，创新宣传方式，加强教育引导，激励人们坚定历史自信、增强历史主动”。[①] 这说明，对新中国史的学习和研究、宣传、教育，与中国特色社会主义事业息息相关；要坚持和发展中国特色社会主义，必须把新中国史作为必修课，必须加强对新中国史的学习和研究、宣传、教育。

另外，从2024年1月1日起施行的《中华人民共和国爱国主义教育法》规定，新中国史是爱国主义教育的主要内容之一。这表明，对新中国史进行宣传、教育，已经成为各级政府部门、企事业单位、群众团体、社会组织必须履行的一项法定义务。可以预料，一个学习新中国史的热潮必将进一步兴起。

---

① 《习近平致信祝贺国史学会成立30周年强调 坚定历史自信增强历史主动 更好凝聚团结奋斗的精神力量》，《人民日报》2022年12月9日。

一　为什么要学习新中国史

关于历史的功能和作用，马克思主义经典作家有过许多论述。例如，恩格斯曾说过："历史就是我们的一切，我们比其他任何一个先前的哲学学派，甚至比黑格尔，更重视历史。"[①]马克思、恩格斯在《德意志意识形态》手稿中还写过一句话："我们仅仅知道一门唯一的科学，即历史科学。"[②]这句话在文章发表时虽然删去了，但起码说明他们对历史的作用有多么看重。另外，中国古人也有过很多精辟见解，如"经世致用""资政育人""以史为鉴""鉴往知来""彰往察来""前事不忘，后事之师""以铜为镜，以正衣冠；以古为镜，以知兴替；以人为镜，以明得失"等。在人类四大文明中，中华文明之所以成为唯一没有中断的文明，与其重视并

① 《马克思恩格斯选集》第3卷，人民出版社2002年版，第520页。

② 《马克思恩格斯选集》第1卷，人民出版社2012年版，第146页。

连续著史修志的传统有很大关系。

我们党对历史知识的学习和历史经验的总结也一向十分重视。毛主席说："我们是马克思主义的历史主义者，我们不应当割断历史。从孔夫子到孙中山，我们应当给以总结，承继这一份珍贵的遗产。"① 邓小平说："我们要用历史教育青年，教育人民。"② "要懂得些中国历史，这是中国发展的一个精神动力。"③ 党的十八大后，习近平总书记对学习历史尤其新中国史更加重视。他指出："历史研究是一切社会科学的基础。"④ 学习党史国史"对正确认识党情、国情十分必要，对开创未来也十分必要，因为历史是最好的教科书。"⑤

新中国史是中国近代史的接续，是中国历史的最新

---

① 《毛泽东选集》第 2 卷，人民出版社 1991 年版，第 534 页。

② 《邓小平文选》第 3 卷，人民出版社 1993 年版，第 206 页。

③ 《邓小平文选》第 3 卷，人民出版社 1993 年版，第 358 页。

④ 《习近平致信祝贺中国社会科学院中国历史研究院成立强调 总结历史经验揭示历史规律把握历史趋势　加快构建中国特色历史学学科体系学术体系话语体系》，《人民日报》2019 年 1 月 4 日第 1 版。

⑤ 《习近平谈治国理政》（第一卷），外文出版社 2017 年版，第 405 页。

部分。学习新中国史与学习中国古代史、近代史，有相同的意义，也有不同的意义。对新中国史学习的意义，我认为起码有以下几点：

（一）有助于掌握中国国情

一国的历史是一国国情的重要组成部分。所谓国情，最基本的无非是国家的人口、民族、疆域、地理、资源、气候、生态，以及社会制度和历史与现状等。如同要了解一个人不可不了解他的历史一样，要了解一个国家也不可不了解这个国家的历史。要进行新中国的国情教育，就要使受教育者了解新中国的历史。因为只有这样，才能使人们了解新中国是如何从成立一步步发展到今天的，才能使大家知道新中国不仅来之不易，而且成长也是不易的。

比如，新中国自从 1949 年成立以来，陆地面积就是 960 万平方公里。但当时有的地方，如西藏、台湾，还分别掌握在西藏少数上层分子和国民党逃往台湾的残余势力手里；有的地方，如香港、澳门，因为历史的原因，还分别被英国和葡萄牙管治着。另外，尚有漫长的边界未与邻国划定。因此，人们要了解新中国的国情，就不能不了解西藏是如何和平解放，如何平息叛乱，如何进行民主改革，如何建立自治区的；台湾是如何因为美国干涉而长期处于分裂状态，中央政府又是如何采取各种措施促进海峡两岸统一的；中央政府对港澳为什么起初采取“长期打算、充分利用”的方针，后来在香港新界“租期”将近时如何通过中英中葡谈判和实行“一国两制”方针而实现主权回归，又为什么在新时代要将中央对香港的全面管治权由虚转实的；另外，中国与邻国的边界是如何通过谈判逐步划定的，还有哪些边界尚未划定；等等。了解了这些历史情况，将有助于人们对新中国国情的全面掌握。

再如，要了解新中国的人口、资源、生态情况，也要了解新中国 70 多年来在人口、农田、水电、森林、草原、矿产，以及环境治理等方面，都制定过哪些政策，采取过哪些措施，发生过哪些变化，经历过哪些曲折，得到了哪些进展。而要了解这些情况，也要学习新中国史。

再如，要了解新中国的社会制度，不能不了解它们建立、发展、完善的过程。其中包括人民代表大会的根本政治制度，中国共产党领导的多党合作和政治协商、民族区域自治等基本政治制度，是如何确立、如何发展、如何完善的；新中国成立初期为什么由新民主主义提前向社会主义过渡，又是如何过渡的；中国特色社会主义制度是如何建立的，它与改革开放前实行的社会主义制度有哪些方面一致、哪些方面不同；等等。所有这些，都只有通过学习和研究新中国史才能弄明白。

（二）有助于坚定“四个自信”

人们在论证自己的观点时，往往会运用三个逻辑：一是理论的逻辑，二是实践的逻辑，三是历史的逻辑。所谓理论的逻辑，就是运用马克思主义理论对客观事物的分析进行论证；所谓实践的逻辑，就是依据人们在实践活动中的经历和发现的事实进行论证；所谓历史的逻辑，就是通过对历史经验的总结和对历史规律的揭示进行论证。党的十八大后，以习近平同志为核心的党中央之所以提出要坚定中国特色社会主义的道路自信、理论自信、制度自信、文化自信，就是基于以上三个逻辑。这就是说，“四个自信”的依据，不仅来自马克思主义的基本理论和中国特色社会主义建设的实践，也来自新中国历史发展的经验和规律。因此，我们要坚定“四个自信”，除了要结合中国特色社会主义建设的实践学习马克思主义的理论外，还要学习和研究新中国的历史，通过新中国史的逻辑，证明中国特色社会主义道路、理论、制度、文化的正确性。

中国自古以来在地域、人口、经济、文化等方面一直处于世界大国的地位。有的国外学者计算，自公元1世纪至18世纪初，中国的经济总量大体占世界的1/4—1/3。但自从近代以来，由于封建统治者的顽固、愚昧，错过了第一次工业化浪潮，导致国力由盛转衰，在1840年鸦片战争中败给了英国。此后直至19世纪末，中国几乎每隔10年，便要遭受一次帝国主义列强的入侵；而且几乎被每一个先行工业化的国家，无论是大国还是小国都侵略过。为此，清王朝与列强签订了数百个不平等条约，总共赔偿了10多亿两白银，丧失了300

多万平方公里的国土，拱手交出了许多属于国家主权的权利，还被迫租借了大片土地，被掠走了大量自然资源和珍贵文物。

晚清朝廷的腐败无能和列强的不断入侵，使中国的仁人志士无不痛心疾首，企盼复兴中华民族。在中国政治舞台上的各种派别，几乎都主张要先学习西方的科技和制度，建立强大的民族工业，然后恢复国家的主权独立和领土完整，并且为此进行了长期不懈的努力。然而，由于缺少先进阶级的领导和正确的道路，所有这些努力，包括太平天国起义、洋务运动、戊戌变法、义和团运动、辛亥革命，统统归于失败。正当中华民族到了生死存亡之际，在人们彷徨迷茫、看不到出路的关键时刻，逐步壮大的中国工人阶级产生了自己的政治组织——中国共产党，举起了社会主义和民族复兴这两面大旗，明确指出中华民族要生存要发展，必须先通过新式的民族民主革命，推翻封建主义、帝国主义、官僚资本主义这“三座大山”，取得民族独立和人民民主，然后再来发展工业，建设工业化国家。

历史证明，中国共产党正是按照上述主张，领导中国各族人民通过 28 年艰苦卓绝的新民主主义革命，彻底推翻了“三座大山”，实现了民族独立、主权完整、国家统一（除台港澳）和人民民主，使中华民族从此自立于世界民族之林，为工业化、现代化扫清了政治障碍。然后，渐次通过新民主主义、社会主义和中国特色社会主义的道路，在 70 多年时间里走完了西方资本主义国家用几百年才走完的工业化路程，把中国由一个积贫积弱、百孔千疮、屡战屡败、备受欺凌的穷国、弱国和落后的农业国，逐步建设成为一个经济总量位居世界第二、工业门类齐全、正在迈向基本实现现代化的制造业大国，一个具有重要国际影响力并日益走近世界舞台中央的外交大国，一个有绝对把握战胜一切来犯之敌的军事强国。

旧中国不仅工业落后，而且门类奇缺，只有少量的机械维修和纺织、卷烟、粮食加工等轻工业。而新中国仅通过四个五年计划建设，就建成了独立的比较完整的工业体系和国民经济体系，使我国成为目前世界上唯一拥有联合国产业分类目录中所有工业门类的国家。另外，早在 20 世纪五六十年代，我国的尖端科技领域就实现了“两弹一星”的突破；进入 21 世纪后，更在量子通信、超级计算机、人工智能、5G 技术、探月工程等方面走在了世界前列。我们现在在尖端科技领域还有许多地方技不如人，但也要坚信，只要继续沿着已有的道路走下去，假以时日，那些被“卡脖子”的技术也是一定会被一一攻破的。

新中国成立之初的 1950 年，我国和美国相比，钢产量是 61 万吨对 8772 万吨，相差 100 多倍；发电量是 46 亿度对 3000 亿度，相差 60 多倍。而 2023 年，我国钢产量是 10.19 亿吨，美国是 8070 万吨；我国发电量是 9.4 万亿度，美国是 4.5 万亿度，分别反超其 12 倍和一倍多。世界第一条铁路、地铁和高铁分别建于 1825 年、1863 年和 1964 年，而我国 1949 年仅有铁路 2.18 万公里，比印度还少 3 万公里；地铁和高铁 1971 年和 2003 年才开始建造。但到了 2023 年，我国铁路总长已达 15.9 万公里，位居世界第二，比印度多了近 10 万公里；高铁总长 4.5 万公里，位居世界第一；城市地铁运营里程位居世界前 10 名的城市中，我国占了 8 名。世界上第一条高速公路建于 1932 年，而我国 1990 年才建成第一条；到 2023 年，总长已达 18.36 万公里，位居世界第一。另外，我国 1978 年的汽车产量仅 14.91 万辆，但 2023 年达到了 3000 万辆，其中新能源汽车产销突破 900 万辆，市场占有率超过 30%，成为引领全球汽车产业转型的重要力量。我国 1987 年才开始使用手机，而 2023 年制造手机 15.7 亿台，出口 8 亿台，其中智能手机出货量占世界市场份额一半以上。这一切，皆得益于我国选择的社会主义道路，得益于新中国 75 年来通过接续努力打造出的完整产业链。美国等西方国家不断嚷嚷要和我们脱勾，要把产能转到其他国家，但总也“脱”不彻底、“转”不干净，原因盖出于此。

毛泽东说：“社会主义和资本主义比较，有许多优越性，我们国家经济的发展，会比资本主义国家快得多。”[①] 邓小平说：“如果我们不坚持社会主义，最终发展起来也不过成为一个附庸国，而且就连想要发展起来也不容易。……只有社会主义才能救中国，只有社会主义才能发展中国。”[②] 习近平总书记说：“中国共产党和中国人民以英勇顽强的奋斗向世界庄严宣告，中国人民不但善于破坏一个旧世界，也善于建设一个新世界，只有社会主义才能救中国，只有中国特色社会主义才能发展中国。”[③] 我们学习了新中国史，了解了新中国在社会主义制度下和中国特色社会主义道路上取得的辉煌成就，自然会深刻理解和认同上述道理，建立起对新中国的历史自信，从而更加坚定中国特色社会主义的“四个自信”。

（三）有助于提高理论水平

毛泽东说：“真正的理论在世界上只有一种，就是

① 《毛泽东文集》第 8 卷，人民出版社 1999 年版，第 302 页。

② 《邓小平文选》第 3 卷，人民出版社 1993 年版，第 311 页。

③ 习近平：《在庆祝中国共产党成立 100 周年大会上的讲话》《求是》2021 年第 14 期。

从客观实际抽出来又在客观实际中得到了证明的理论，没有任何别的东西可以称得起我们所讲的理论。”[①] 这就告诉我们，无论马克思主义的理论也好，马克思主义中国化的理论成果也好，归根结底都来源于社会实践。其中关于中国社会主义革命、建设、改革的理论，归根结底也来源于新中国各个历史时期的社会实践和对这些社会实践的经验总结。我们要学懂弄通这些理论，做到真懂真信，就要在学习中结合实际、结合实践，包括今天的实际、实践和过去的实际、实践。而所谓过去的实际、实践，就是历史。新中国成立后至今 70 多年来的实际和实践，就是新中国史。因此，学习和研究新中国史，有助于我们在研读马克思主义和马克思主义中国化的理论著作时，深入理解其中的立场、观点、方法。

比如，列宁主义、毛泽东思想和中国特色社会主义的理论体系都告诉我们，在世界由自由资本主义进入帝国主义时代后，落后民族和发展中国家要取得真正的独

① 《毛泽东选集》第 3 卷，人民出版社 1991 年版，第 817 页。

立，要实现工业化、现代化，就不能再走资本主义的老路，只能结合本国的实际情况，走符合本国实际的发展道路。我们学习和研究新中国史，了解了新中国的历史过程、历史成就、历史经验，就会深刻理解这一理论，切实认同这一理论的正确性、科学性，就会更加坚定中国特色社会主义的理论自信，更加自觉地用中国特色社会主义理论指导自己的实践。

（四）有助于继承优良传统

中华民族是一个勤劳勇敢、坚韧不拔、不屈不挠的民族，有着许多极为可贵的优秀品质。比如，远古传说中的女娲补天、精卫填海、愚公移山、大禹治水等，承载着中华民族追求幸福、不畏天灾、敢于抗争的品质；古代历史中的大泽乡起义、岳飞抗金、戚继光抗倭等，承载着中华民族向往自由、不惧强敌、反抗压迫的品质。千百年来，中华儿女之所以能把这些优秀品质一代代传承下去，形成民族优良传统，靠的就是对历史的口口相传和文字记载。

中国革命史和新中国史是中国共产党领导人民战天

斗地、披荆斩棘、乘风破浪、扬眉吐气的历史，涌现出无数舍身忘己、奋不顾身、可歌可泣的英雄人物和感人事迹，形成了诸如艰苦朴素、联系群众、不怕牺牲、敢于斗争、认真负责、过细工作和一切从实际出发、从群众利益出发等好传统、好作风。要传承这些传统和作风，同样要学习记载着这些传统和作风的革命史、党史、新中国史、改革开放史。比如，抗美援朝精神，就在抗美援朝的历史中；“两弹一星”精神，就在“两弹一星”的历史中；大庆、大寨精神，就在大庆、大寨的历史中；“三线”建设精神，就在三线建设的历史中；抗震救灾精神，就在汶川大地震后涌现的千千万万个感人事迹的记载中；雷锋、焦裕禄、铁人的精神，就在雷锋日记和有关雷锋、焦裕禄、王铁人等人的新闻报道、回忆和传记中。只有学习和研究这些历史，上述好传统、好作风才能被人们所了解，才能起到感染人、教育人的作用，才能为人们所继承和发扬。

改革开放后，人们的物质生活水平有了很大提高，但由于思想政治工作和精神文明建设一度被削弱，西方文化被不分良莠地大量引入，致使不少青年的人生观、价值观、幸福观、审美观、偶像观、择业观、择偶观、婚姻观、家庭观发生扭曲。有的男孩子涂脂抹粉、矫揉造作，充当“伪娘”“娘炮”，丧失男子汉气概。有的女孩子追星，向往奢华，说“宁肯坐在豪车里哭，也不愿坐在自行车上笑”。针对这些现象，在进行新中国史的宣传教育时，就应当有意识地引导青年学习那些承载奋斗、拼搏精神的典型人物、典型事迹，使他们从那些为建设新中国、保卫新中国而献出青春、热血和生命的劳动模范、战斗英雄、科学家、教育家、学问家、文艺家们的身上汲取力量，帮助他们树立正确的人生观、价值观、幸福观、审美观、偶像观、择业观、择偶观、婚姻观、家庭观，继承和发扬新中国历史形成的一系列优良传统和作风。

（五）有助于汲取经验教训

历史虽然不会重演，但会有许多相似之处。今天遇到的问题和困难，很多在历史上都遇到过。其中有成功的经验，也有不成功乃至失败的教训。无论经验还是教训，只要加以总结，就可以变成对我们有益的东西，增长我们的智慧，为我们解决和战胜在历史上类似的问题和困难提供借鉴，使我们今后少走弯路，多取捷径。而要汲取历史的经验教训，就要学习历史。

毛泽东说过："我们有两种经验，错误的经验和正确的经验。正确的经验鼓励了我们，错误的经验教训了我们。"[①]"错误和挫折教训了我们，使我们比较地聪明起来了。"[②]习近平总书记也指出："读史可以明智，可以观成败、鉴得失、知兴替。""以史为鉴，才能避免重蹈覆辙。"[③]比如，我们通过学习和研究新中国史，会发现急于求成是工作中很容易犯的一个错误。这种错误虽然往往出于人们尽快摆脱经济落后面貌的良好愿望，希望在建设速度和人民生活水平提高上都能再快一点，因而具有一定的群众基础，但它毕竟违背了客观规律，所以，结果往往是欲速不达，有时还会给经济建设和人民

---

① 《毛泽东文集》第 8 卷，人民出版社 1999 年版，第 338 页。
② 《毛泽东选集》第 4 卷，人民出版社 1991 年版，第 1480 页。
③ 《十八大以来重要文献选编》(中)，中央文献出版社 2016 年版，第 695 页。

利益造成损害。1958年的“大跃进”，粉碎“四人帮”后的“洋跃进”，问题都出在这里。党的十八大后提出“稳中求进”的工作总基调，正是通过总结这些历史教训得出的正确结论，是把历史教训转化为智慧的典型事例。

要从历史中汲取智慧，就要总结历史经验，但是，一定要善于正确地总结经验。经验总结错了，不仅不会使人增长智慧，还会导致新的错误。例如，我们党历来重视思想政治工作的重要性。新中国成立后，毛泽东一再强调思想和政治是统帅、是灵魂，政治工作是经济工作的生命线，精神可以变物质等，起到了促进经济建设的积极作用。然而，后来由于错误地总结了经验，发生了过分强调人的主观能动性和思想政治工作的情况，直至发展到批判所谓“唯生产力论”和“白专道路”“业务挂帅”的程度，甚至提出“人有多大胆、地有多大产”“政治可以冲击一切”等错误口号，并把阶级斗争作为社会主义社会的主要矛盾，把抓阶级斗争当作党的中心工作，导致阶级斗争扩大化，使大量生产、科研、本职工作的时间被“空对空”的“政治学习”所占用，严重挫伤了干部、群众的积极性，也损害和耽误了各项建设事业。

改革开放后，我们党通过总结经验，把工作重心重新转到经济建设上。但与此同时，有些人又错误地总结了经验，由过分突出政治、过分强调阶级斗争的偏向，走到了忽视思想政治工作、忽视阶级斗争的另一个极端，提出共产主义是乌托邦、遥遥无期；认为社会主义不如资本主义；主张少讲些政治、多讲如何发财；甚至鼓吹“抬头向前看，低头向钱看，只有向钱看，才能向前看”；还说“有一点精神污染不算什么”“对经济领域犯罪问题看得过重会妨碍经济建设”；等等。这种偏向，导致先人后己、助人为乐、勤俭朴素、诚实守信等传统美德和优良作风被当作过时的东西而丢弃，许多新中国成立初期已被消灭的社会丑恶现象又死灰复燃，假冒伪劣的产品、坑蒙拐骗的行为充斥社会的各个领域。针对这种偏向，邓小平指出，要坚持四项基本原则，反对精神污染，反对资产阶级自由化。陈云提出，对于鼓吹中国不如外国、社会主义不如资本主义、马克思主义不灵了的人，经教育不改的，要调离意识形态工作岗位；要积极维护思想政治工作部门的权威，要把对共产主义思想的教育和四项基本原则的宣传作为思想政治工作的中心内容。陈云指出："共产主义遥遥有期，社会主义就是共产主义的第一阶段。"[①]尽管老一辈革命家苦口婆心，反复敲警钟，但忽视思想政治工作和精神文明建设的问题一直未能很好解决，直至发生1989年的政治风波。风波平息后，邓小平痛定思痛，指出10年最大的失误是教育，并说他在这里主要讲的是思想政治教育。

党的十八大后，习近平总书记进一步总结了在处理精神文明和物质文明关系问题上成功与失误两方面的经验教训，在坚持以经济建设为中心的前提下，高度重视对共产主义理想信念、马克思主义基本理论、中华民族传统美德、社会主义先进文化的宣传教育，重申革命理想高于天，并接连召开部队政治工作、全国文艺工作、

① 习近平：《在纪念陈云同志诞辰110周年座谈会上的讲话》，《人民日报》2015年6月13日。

党校工作、新闻工作、哲学社会科学工作、学校思想政治理论课教师的座谈会。所有这些，都是对过去一度忽视思想政治工作的偏向和失误的纠正和弥补。他指出："我国曾经有过政治挂帅、搞'阶级斗争为纲'的时期，那是错误的。但是，我们也不能说政治就不讲了、少讲了，共产党不讲政治还叫共产党吗？"① 在党的十九大、二十大上，他都强调要增强中华民族伟大复兴的精神力量，用好红色资源，弘扬革命文化，传承中华优秀传统文化，在全社会弘扬劳动精神、奋斗精神、奉献精神、创造精神、勤俭节约精神，推动全社会见贤思齐、崇尚英雄、争做先锋，切实做到物质文明和精神文明两手抓、两手都要硬。事实说明，只有这样总结历史经验才是对历史经验的正确总结，才能防止在纠正一种偏向时出现另一种偏向。

另外，要从历史中汲取智慧，也要重视反面教员的作用。毛泽东在 1956 年讲过："我们说不服的人，蒋介

---

① 《习近平总书记重要讲话文章选编》，中央文献出版社、党建读物出版社 2016 年版，第 225 页。

石一教，就说得服了。……还有帝国主义这个教员，它教育了我们六亿人民。一百多年来，几个帝国主义强国压迫我们，教育了我们。所以，坏事有个教育作用，有个借鉴作用。”[①] 过去，人们通过解放战争、抗美援朝等历史事件，认识到了帝国主义就意味着战争，帝国主义既是真老虎也是纸老虎，帝国主义本性不会改变，帝国主义亡我之心不死等道理。后来，国际形势发生了变化，中美关系缓和，和平和发展成为时代的主题。为了抓住机遇、加快发展，我们主动遵守由西方发达国家主导的国际经济秩序，同资本主义国家开展经济、科技、文化、人员交流。这时，一些人对帝国主义本性是不是变了，帝国主义还是不是真老虎、还吃不吃人、还会不会与社会主义国家为敌等问题，产生了怀疑。有人认为，美国同我们已变成伙伴关系、“夫妻关系”了。对这些人，最好的教员不是我们，而是克林顿、奥巴马、特朗普、拜登这些人。他们一搞“以台制华”，一利用

① 《毛泽东文集》第 7 卷，人民出版社 1999 年版，第 91—92 页。

涉港、涉疆、南海等问题对我进行遏制、打压，一对我打贸易战、科技战、金融战，人们就清醒了，就不怀疑了。

（六）有助于增强辨别能力

凡要获得辨别是非的能力，既要站在正确的立场上，掌握分析问题的科学理论和方法，也要了解大量确切的史实。有了这些才能识破各种谬论和谣言。改革开放以来，政治领域的民主社会主义、经济领域的“新自由主义”、意识形态领域的历史虚无主义等思潮一度甚嚣尘上，承载这些思潮的谣言和虚假信息更是满天飞。党的十八大后，这些思潮受到了批判，谣言得到了揭露，不能再堂而皇之地出现，但其鼓吹者、散布者并不肯轻易认输，仍然在变换各种手法，披着各种外衣，顽强地表现自己，妄图用自己的世界观改造我们党、我们国家。习近平总书记在 2013 年“1·5”讲话中，之所以强调国内外敌对势力往往拿中国革命史、新中国史来做文章，对党的领导和社会主义制度进行攻击、丑化、污蔑，目的就是提醒人们，要在正确历史观的指导下学习和研究新中国史，以便了解历史的真实。因为只有这样，才能增强辨别真假的能力，认清历史虚无主义思潮的本质。

比如，历史虚无主义鼓吹者为了给反对中国共产党执政寻找理由，造谣说三年困难时期“饿死了 3600 万人”，并以所谓“统计数据”和“县志记载”为证。这个谣言虽然与历史事实相去甚远，但对不十分了解那段历史的人，却有很大的欺骗性，如果不对这个谣言拿出的所谓“证据”进行辨伪，要消除它的影响的确会有相当的难度。前几年，一位长期从事统计学研究和教学的教授，凭着学者的良心，大量查阅了县志，发现谣言制造者声称依据的县志，实际只是记载了那几年人口的自然死亡数；许多志书甚至连自然死亡数字都没有记载，所谓“饿死”数完全是凭空捏造的。这位教授还运用统计学的专业知识，对我国 20 世纪 60 年代人口统计中存在的具体问题进行了考证，指出所谓“饿死 3600 万人”的说法，不仅是把统计公式计算出的那个时期的人口减少数与死亡数、死亡数与饿死数有意混淆了，而且根据统计公式计算出来的那个时期人口减少的数字本身，也忽略了当时历史背景下，几千万人口由农村进入城市又由城市下放农村的过程中，很多户籍在城市注销却在农村漏报，困难时期过后又补报等实际情况。经过这番核对和考证，“饿死 3600 万人”这一谎言的虚假性、荒谬性便被暴露在了光天化日之下。

再如，历史虚无主义鼓吹者为了贬低毛主席、否定改革开放前的历史时期，污蔑、攻击当年的“三线”建设是劳民伤财、得不偿失。然而，学习了新中国史就会知道，1964 年以毛泽东同志为核心的党的第一代领导集体，之所以决定进行“三线”建设，针对的是当时美苏两个超级大国联手对中国发出军事威胁，为了加强战备而作出的战略决策。它以沿海一些重要工业向西南、西北省份和中部及沿海地区腹地等内陆地区转移为目标，以国防科技工业、机械与能源工业、原材料工业及铁路与公路干线建设为重点，前后投入 2000 多亿元和上千万人力，历时 18 年，在内地 13 个省、自治区构筑起规模庞大、门类齐全的内地科研与生产相结合的现代工业交通体系，最终形成了60多个新兴工业城市，既为改革开放前做好反侵略战争准备，提供了强大而巩固的后方基地；也为改革开放后现代化建设的突飞猛进，特别是西部大开发，奠定了坚实而雄厚的物质基础。2018年2月，习近平总书记考察四川，在谈到“三线”建设时指出：“新中国成立后，国家在西部布局了一大批重要产业和企业。三线建设使一大批当时属于顶尖的军工企业、国有企业、科研院所来到西部，这些都是我们发展的宝贵财富。”① 人们只要学习和研究了新中国史，了解了这些情况，那些诬蔑“三线”建设的言论就会不攻自破。

党的二十大报告中强调要持续抓好党史、新中国史、改革开放史、社会主义发展史宣传教育，引导人们知史爱党、知史爱国，不断坚定中国特色社会主义共同理想。这表明，学习包括新中国史在内的“四史”，已成为党的二十大的一个精神。从2024年1月1日起施

① 《习近平在四川考察时的讲话》，转引自《三线春秋》2018年第2期。

行的《中华人民共和国爱国主义教育法》，将新中国史规定为爱国主义教育的主要内容之一。这表明，对新中国史进行宣传教育，已成为各级政府部门、企事业单位、群众团体、社会组织必须履行的一项法律义务。可以预料，在党和国家的推动下，一个进一步学习新中国史的热潮必将兴起。

二　什么是新中国史

所谓新中国是相对于1949年前的旧中国说的。新中国史就是中华人民共和国史，简称国史，也称当代中国史、中国当代史或现代史。这些本来应当是清楚的，但在过去很长时间乃至今天，对新中国史的定义、新中国史研究的学科属性等问题，都存在一些不同认识。其中主要涉及以下四个关系。

（一）新中国史与中国现代史的关系

高校近现代史教学中的现代史，过去很长时间一直以1919年为起点。这样划分，是从新中国成立前马克思主义史学家开始的，目的是突出五四运动爆发所标志的中国革命性质由旧民主主义向新民主主义的转变。然而，马克思主义史学家之所以把1840年作为中国近代史的起点，却是因为那一年鸦片战争的爆发，标志着中国社会的性质由封建社会变为半殖民地半封建社会。这种用革命性质的变化和社会性质的变化两种标准来划分中国近代史和现代史界限的做法，在新中国尚未成立时，矛盾还不突出。但当新中国成立、中国社会性质再次发生变化后，这种用两种标准区分近代史与现代史的做法，便产生了明显矛盾。有的学者，如范文澜先生，对此早就提出过不同意见。不过，那时新中国刚成立不久，新中国史的研究尚未提上日程，解决中国近代史与现代史划分标准的问题并不很急迫，未能引起各方面注意，在历史教学中仍然延用近代史与现代史的原有分期办法，而且还把二者合并，创造出一个“中国近现代史”的专业。

到了 20 世纪 80 年代，新中国史研究开始兴起，人们为避开对“现代史”的既有定义，提出一个“当代史”的概念。就是说，中国的现代史始于 1919 年，当代史始于 1949 年，从而使上述矛盾再次被掩盖起来。然而，随着时间推移，新中国史本身在发展，对新中国史的教学与研究也在发展，“现代史”原有定义的弊端日益显著，已到了无法回避、非改不可的地步。为解决这个矛盾，国家学位、学科目录又把“新中国史”“中华人民共和国国史”“中国当代史”，放到了“中国近现代史”专业的括弧中。事实说明，在不改变“现代史”原有定义的前提下，这种做法更为不妥，不仅在学术上形成历史阶段划分标准的混乱，而且在政治上淡化了中华人民共和国成立的划时代意义。

那么，正确的做法应当是什么呢？正确的做法应当是：首先统一对中国历史大阶段划分的标准，即都以社会形态的变化为依据，将中国近代史的下限和中国现代史的上限均由原来的 1919 年改为 1949 年；然后把“中国现代史”与“中国当代史”合并，并取消作为学科的“中国近现代史”专业。

21 世纪初，党史专家沙健孙主持编写马克思主义理论和建设工程重点教材《中国近现代史纲要》，找我征求意见。我只讲了一条，即不要再用“中国近现代史”这个概念了；如果一定要用，也要明确这个“现代史”不是从 1919 年而是从 1949 年开始的。2007 年《中国近现代史纲要》出版，“开篇的话”中第一句就说：“中国的近现代史，是指 1840 年以来中国的历史。其中从 1840 年鸦片战争爆发到 1949 年中华人民共和国成立前夕的历史，是中国的近代史；1949 年中华人民共和国成立以来的历史，是中国的现代史。”①

又过了几年，经过有关方面反复努力，学位、学科目录中的中国史学科，逐渐取消了“中国近现代史”这个二级学科，将中国近代史与中国现代史分开，作为两个专业并列，并明确指出中国现代史是以 1949 年中华人民共和国成立作为起点的。至此，新中国史、中国现代史或当代史作为一门学科，终于被国家学位学科管理部门正式承认。

历史分期是一项动态性工作，不会一劳永逸。随着时间的延续，原有现代史、当代史的上下限，还会发生相应改变。例如，再过 100 年，可能需要从现代史中分出一个独立的当代史来。不过，那是后人解决的问题，不用我们现在考虑。

---

①《中国近现代史纲要》编写组：《中国近现代史纲要》，高等教育出版社 2007 年版，第 1 页。

（二）新中国史与中共党史的关系

目前，中国共产党历史在新中国成立后的部分，已占其迄今为止 103 年的 2/3 强。这部分党史与新中国史，在内容上难免有很多重叠和交织，而且随着时间延伸，这种情况只会越来越多。既然如此，是否只要学习党史就行了，不必再学习新中国史，也不必设置中国现代史或当代史专业了呢？在这个问题上，也存在不同认识。

中国共产党是中华人民共和国的核心领导力量，党的理论、路线、方针、政策、重大决策，必然对共和国的建设和发展产生决定性作用，这一点毫无疑义。从这个意义上说，党史是国史的核心，新中国成立后的党史走向决定新中国史的走向。比如，新中国成立后，党的历次代表大会和许多重大决策、重大事件，势必是国史的重要内容；毛泽东、周恩来、刘少奇、朱德、邓小平、陈云等党的领袖，同时也都是国家的领导人，他们的活动也是国史的重要内容。另外，国史与党史都与现实政治密切相关，二者研究的指导思想都是历史唯物主义的理论、观点、方法，很难截然区分开来。但党史与国史毕竟分属不同的学科，党史属于法学门类的政治学范畴，而国史属于史学门类；即使从史学角度看，党史也属于专史，国史则是整个国家的历史，属于通史，是中国通史的接续。因此，二者在编研角度、编研范围、编研重点，乃至学科理论和编纂方法上，都会有所不同。

1. 在编研角度上的区别

党史研究是从政党角度看待历史，要研究和阐述的是我们党作为新中国的执政党，如何制定路线、方针、政策，并把它们变成国家意志，领导国家各领域的建设；如何开展群众工作，处理与各参政党之间的关系，与国外政党打交道；如何进行党的自身建设，以及党的执政经验；等等。而新中国史是从国家和社会角度看待历史，要研究和阐述的是国家政权机关如何贯彻党的路线、方针、政策，如何组织各项事业的建设，如何开展外交活动，如何进行自身建设；人民群众和各参政党又是如何在党的领导下，从事各项建设事业和参政议政的；等等。

2. 在编研范围上的区别

党史研究主要阐释的是党在新中国成立后的历史发展及其规律，范围超不出党自身及其作为执政党影响所及的事务。依照马克思、恩格斯的观点，“历史可以从两方面来考察，可以把它划分为自然史和人类史。但这两方面是不可分割的；只要有人存在，自然史和人类史就彼此相互制约。”[①] 而自然界的有些内容，如天象（日食、彗星等）、气候、地质、洋流的变化，与党并没有关系，不在党史编研的范围之内；但国史对它们不能不记载，不能不研究它们与社会之间的关系。至于自然界受人类活动影响造成的生态变化，如森林覆盖率的大小、空气污染的强弱、荒漠化和盐碱化的进退等，与党或多或少有一定关系，党史编研也会涉及，但不可能在这些领域设置分支学科。而国史编研可以也应当设置这些领域的分支学科，如当代林业史、当代治沙史等。另

① 《马克思恩格斯选集》第 1 卷，人民出版社 2012 年版，第 146 页脚注。

外，人类社会中的民族、疆域、政区、宗教，各参政党的党史，以及人口、婚姻、家庭、民俗、服饰、饮食、语言词汇、娱乐方式、人际交往等变化，与党史之间多多少少也会有一些关系，党史编研也会或多或少涉及，但同样不可能设置分支学科。例如，不可能设中共疆域史、中共政区史、中共婚姻史、中共民俗史、中共服饰史等专业，因为不存在这样的历史。再如，党虽然有自己的经济思想史、法制思想史、环境政策史、人口政策史、民族政策史、宗教政策史等，在党史研究中应当设置这些分支学科和研究方向，但党并没有自己的法制史、环境史、人口史、民族史、宗教史，新中国成立后也不再有自己独立的经济史。然而，所有这些都是新中国史的组成部分，国史编研都可以设置分支学科和研究方向。可见，国史研究在范围上要比党史研究宽阔得多。如果把新中国成立后的党史与国史比作一座宝塔的话，可以说前者是塔身，后者则是塔的基座。

3. 在编研重点上的区别

党史研究的重点，是党的路线、方针、政策和重大决策制定与出台的过程，党的制度建设、思想建设、组织建设、作风建设的状况，党的会议和文献、领袖人物和英雄模范，以及执政的经验教训等。国史研究虽然也会涉及这些内容，但更多的是记述和阐释全国人民代表大会及其常委会和国务院的决策过程，法律的制定和变化过程，以及国家各级权力机关、行政机关、审判机关、检察机关、监察机关的重大活动和举措，国家各项建设事业的进展和其中有突出贡献的人物，国家机关的自身建设及其经验教训等。例如，在经济问题上，党史研究的重点是基本经济制度建立、宏观经济政策制定的过程和作用，而国史研究的重点应当是相对具体一些的经济制度和政策，像财政、金融等制度建立和政策制定的过程，以及城乡居民收入、产业结构、土地状况、对外贸易、货币发行和税种、税率的变化等情况。

4. 在学科理论与编纂方法上的区别

党史和国史编研都要以唯物史观为指导，对史料都要充分收集、慎重选择、严谨考证，对问题都要进行阶级分析、历史分析、系统分析、辩证分析，都要把问题放到一定历史范围内研究，并从事实出发，用社会存在说明社会意识，通过比较认识事物的本质；在研究方法上，都要汲取中国传统史学和国外新史学的有益成分，借鉴社会科学中其他学科，如经济学、社会学、统计学的科学方法。在这些方面，二者并没有什么区别。但党史编研需要更多地运用政治学科的方法，而国史编研主要要运用历史学科的方法。在史书编纂方面，党史书一般采用章节体，而国史书除了章节体外，还需要借鉴古代史书的体裁体例，如纪传体、编年体、纪事本末体、典制体、方志体、史地体等，创造性地继承和发扬我国史书编纂的优秀传统。

总之，国史与党史研究各有各的学科属性和社会作用，谁也代替不了谁。现在一些国史书与党史书之间存在内容雷同或近似的现象，并不表明国史与党史是一回事，国史与党史是一个学科，而是因为国史书过多地写了本该由党史书撰写的内容，而党史书过多地写了本该由国史书撰写的内容。这个问题恰恰需要通过加强两个学科的建设加以解决，而不应当成为取消或削弱新中国史研究与教学的理由。否则，势必影响彼此的学科建设和发展。

（三）新中国史研究与意识形态工作的关系

新中国史和一切历史一样，都有两个层次。一个层次是客观存在的历史过程，另一个层次是人们特别是史学家对客观历史的记述和诠释。作为第二个层次的新中国史，也和所有历史一样，不可避免地会将记述者、诠释者的主观认识渗透其中，而且这种主观性在阶级社会中不可避免地会被打上阶级的烙印。就是说，新中国史作为一门历史学科，和其他史学特别是对国家史的记述、诠释一样，都带有强烈的政治性和意识形态性。

在阶级社会，统治阶级为了维护自身统治，总是高度重视对国家史的记述和诠释，把它视作国家主流意识形态和核心价值体系的组成部分；而要推翻一个政权的阶级和政治力量，也十分看重对历史的记述和诠释，总要用它说明原有统治的不合理性。这是带有规律性的普遍现象，区别只在于进步的阶级和政治力量，顺应历史前进方向，对历史的记述和诠释往往符合或比较符合历史的本来面貌；而反动的阶级和政治力量，背逆历史前进方向，对历史的记述和诠释总是难以符合历史的本来面貌。

新中国史是中国共产党领导的以工农联盟为基础的人民民主专政的社会主义国家的历史，是与几千年来剥削阶级统治的社会和当前占世界主流的资本主义国家完全不同的历史。这一特点决定了它和史学其他分支学科相比，与国家兴亡、政权安危的关系更为直接和密切，其研究领域中的意识形态斗争也更为激烈。前些年史学界、舆论界拿新中国史做文章的历史虚无主义思潮甚嚣尘上，就从反面印证了这一事实。

有人认为，史学研究要“价值判断中立”，要“终止使用自己或他人的价值观念”，要“排除来自政治的、意识形态的和思想权威的各种干扰”。这其实是一厢情愿和自欺欺人的说法，提出这种观点的人自己就做不到“价值判断中立”。因为，这种观点本身就是受某种“政治的、意识形态的和思想权威干扰”的结果。

在国家和阶级存在的社会，不可能有超国家、超阶级的客观公正。比如，地方志编修中有一条重要原则，叫“述而不论”。但即便如此，站在不同国家和阶级的立场上，对同一件事的记述，不仅选材会有不同，就连遣词造句也会不同。比如，对“八一五”事件的记述，站在中国立场上肯定会写“日本宣布投降”或“抗日战争胜利”，而站在日本军国主义立场上，肯定会写“终战”。再如，对解放战争中傅作义将军打开北平城门这件事，站在共产党和人民立场上，肯定会写“北平和平解放”，而站在国民党反动派立场上，肯定会写“北平沦陷”或“北平落入共军之手”。

清代思想家龚自珍讲过一句至理名言，叫做“灭人之国，必先去其史”。[①] 这句话反映了史学，尤其是对国家史记述和诠释所特有的意识形态属性和社会功能。当年日本帝国主义为了永久霸占中国东三省和台湾，在教科书中把东北和台湾从中国历史中剥离出去。今天“台独”分子搞“台独”，也是采取先把台湾史从中国史剥

① ［清］龚自珍:《龚自珍全集：古史钩沉论二》，上海古籍出版社 1999 年版，第 21 页。

离，再把没有台湾史的中国史放入世界史的办法。这种把历史当做“灭人之国”工具的现象，在新中国史研究领域显得尤为突出。我们常说，“帝国主义亡我之心不死”，其“亡我”的策略之一，就是用散布历史虚无主义的办法，诋毁中国共产党和中华人民共和国的历史，以此动摇人民群众对我们党和国家的信任与信心。另外，毛泽东还讲过一句至理名言，叫做“历史上不管中国外国，凡是不应该否定一切的而否定一切，凡是这么做了的，结果统统毁灭了他们自己。”[①] 苏共下台、苏联解体的过程，就是一个印证这句名言的鲜活例子。

2013 年，习近平总书记在新进中央委员候补委员学习贯彻党的十八大精神研讨班开班式上的讲话（简称“1·5”讲话）中在引用龚自珍上述名言后指出：“国内外敌对势力就是拿中国革命史、新中国历史来做文章，竭尽攻击、丑化、污蔑之能事，根本目的就是搞乱人心，煽动推翻中国共产党的领导和我国社会主义制度。

① 《毛泽东在省、市、自治区党委书记会议上的讲话（1959 年 2 月 2 日）》，《党的文献》2007 年第 5 期。

苏联为什么解体？苏共为什么垮台？一个重要原因就是意识形态领域的斗争十分激烈，全面否定苏联历史、苏共历史，否定列宁，否定斯大林，搞历史虚无主义，思想搞乱了，各级党组织几乎没任何作用了，军队都不在党的领导之下了。最后，苏联共产党偌大一个党作鸟兽散了，苏联偌大一个社会主义国家分崩离析了。这是前车之鉴啊！”[①] 他的这一论述说明，对社会主义国家历史的记述和阐释，不仅具有意识形态性，而且这一属性还十分强烈。

正是受龚自珍那句名言的启发，我从中引申出了另一个观点，即“护己之国，必先卫其史”。就是说，既然“去人之史”可以“灭人之国”，反过来，“卫己之史”不也可以“护己之国”吗？所以，我主张新中国史研究的社会功能，除了人们常说的资政、育人之外，还应当加上“护国”二字。因此，研究新中国史，要主动发挥它的资政、育人、护国的功能。

① 《十八大以来重要文献选编》（上），中央文献出版社 2014 年版，第 113 页。

说新中国史具有强烈的意识形态性，并不等于说它就是意识形态工作，或是政治理论与宣传工作。处在阶级社会中，社会科学的各门学科多多少少都带有意识形态性。一门学科是否是科学研究，并不取决于这门学科是否具有意识形态性，而在于它追求的是否是客观真理，反映的是否是客观规律，具有的知识体系是否完整系统，遵守的学术规范是否被公认为科学。只要新中国史研究尊重历史的真实性、连贯性、继承性，注重揭示历史事件的原因、总结历史成败的经验、探索历史发展的规律，并积极构建符合学术规范的学科体系，它就是地地道道的学术工作，就是一门科学、一门学问，就能做出学问，而且能做出大学问。

（四）新中国史研究与马克思主义研究、对策研究的关系

史学是一门综合性学问，与其他学科之间的交叉性很强，这一特点在新中国史研究中尤为显著。不过，与相关学科有交叉，不等于不同的学科可以混淆。毛泽东在《矛盾论》中指出："科学研究的区分，就是根据科学对象所具有的特殊的矛盾性。因此，对于某一现象的领域所特有的某一种矛盾的研究，就构成某一门科学的对象。……如果不研究矛盾的特殊性，就无从确定一事物不同于他事物的特殊的本质，就无从发现事物运动发展的特殊的原因，或特殊的根据，也就无从辨别事物，无从区分科学研究的领域。”[①] 意思就是说，任何科学门类都有自己质的规定性，如果只注意学科之间的联系，而忽略或抹杀它们之间质的区别，任何科学研究都无从着手。

新中国史从一定意义上说是马克思主义基本原理与新中国革命、建设、改革实践相结合的历史，因此，在马克思主义发展史研究中，不可能不研究当代中国问题；在新中国史研究中，也不可能不研究马克思主义中国化的历史。但马克思主义研究是理论研究，属于哲学社会科学的一级学科，而新中国史研究是历史研究，属于中国史的分支学科。不能因为马克思主义研究中包括

① 《毛泽东选集》第 1 卷，人民出版社 1991 年版，第 309 页。

当代中国基本问题研究，新中国史研究中包括马克思主义中国化过程研究，就把新中国史研究放入马克思主义学科。如果这样划分学科，中共党史和中国现代哲学研究等许多学科，岂不都可以归入马克思主义学科了？这显然违背了马克思主义关于不同事物的性质由其特殊矛盾决定的原理，不符合学科划分的规范，也不利于新中国史研究的学术发展。

新中国史研究与史学其他分支学科相比，最大的不同还在于，它与现实的距离最近。现实中刚刚发生的事，有些很快就成了新中国史研究的对象。正是新中国史研究的这一特点，决定了当代中国政策研究的许多问题，也是它研究的问题。但这同样不意味着新中国史研究属于现实对策类研究。

新中国史研究与史学其他学科一样，在社会科学研究中都属于基础学科。它对当代问题的研究，无论研究的问题距离现实有多近，都只能是从历史的角度去研究。它对现实也要服务，但这种服务只能体现在对某个问题发生发展的过程阐述、原因分析、经验总结、趋势预测上，而不能要求它拿出对策。就是说，它在当代问题面前，只负责说清楚这个问题是什么，原因何在，经验教训有哪些，今后可能如何发展，而不负责回答应当怎么办，采用什么对策。因为，这门学科的史学性质决定了它不承担对策的责任，也不具备承担对策研究所应有的那些研究条件。如果硬要它拿出对策，其结果只能是打乱仗，种了别人的田，荒了自己的地。而且，别人的田也肯定也种不好。

三　怎样学习新中国史

新中国至今只有 70 多年历史，但它的内容十分丰富，涉及的问题也非常多。要学习新中国史，首先要从掌握它的几个基本问题入手。这些基本问题，在我看来主要有四个，即新中国史的分期、主线、主流，以及根据经验总结的方法。对于这些问题，学术界可能有不同认识，这里我只谈自己的看法，供大家参考。

（一）了解新中国史的分期

历史是连续性和阶段性的统一，在历史长河中出现不同的阶段，是客观存在。然而，史学工作者给历史划分阶段，即分期或断限，是一种主观行为，是为方便自己研究并引导人们认识历史发展阶段而做的一项工作。一般情况下，史学工作者会尽可能让自己的主观符合历史的客观，但主观是否符合客观，还要看分期的方法是否科学。

影响史学工作者给历史分期的因素，通常有四个：一是史学工作者所持的历史观，即以唯物史观还是唯心史观为指导；二是分期的对象，即通史还是专史；三是分期的目的，即为了认识历史过程，还是为了总结经验；四是分期依据的标准，即看反映历史阶段性的标志性事件的发生，还是看对历史有重大影响的人物的出现，抑或看其他什么。然而，影响对现代史或当代史分期的因素，比对古代史、近代史要多。除了上述四点外，还有一点，即分期所处的时间节点。这是因为，古代史、近代史都是已经结束的历史，不可能再发生变化，而现代史或当代史是尚在发展中的历史。如果分期所处时间节点变了，不仅历史的客观情况会发生变化，而且史学工作者，甚至同一个人的主观思想，也有可能会变化。

目前能看到的称作中华人民共和国史、新中国史、中国当代史或当代中国史、中国近现代史的著作，国内有 100 多种。这些书对新中国史的分期，从二分法到十分法，几乎每种分法都有，而且各种分法的上下限也不尽一致。

改革开放初期的国史书，常见的分期方法是将新中国从1949年至20世纪70年代末80年代初的30多年历史分成四个、五个或六个时期。到20世纪末、21世纪初，常见的分期是在以上方法的基础上，再以1992年邓小平发表南方谈话和党的十四大召开，以及2002年召开党的十六大和2003年提出科学发展观为界，划分出社会主义市场经济体制建立时期和全面建设小康社会时期。在上述分期方法的基础上，也有分得更细或分得更粗的情况。这说明，虽然新中国史是社会形态基本一致的历史，给新中国史分期的学者也大多秉持唯物史观，仍然会出现不同的分期方法，其原因除了不同学者在分期问题上依据的标准不同外，一个重要原因是他们分期所处的时间节点不同。

前面说过，历史分期的对象不同，也会影响到分期结果。上述分期无论哪种方法，都是以国家宏观历史即国家通史为对象来划分的。至于给某些专门史，如行业史、部门史、专业史中的工业史、交通史、金融史、科技史、哲学史、艺术史等；某些地方史，如西藏史、海南史、港澳史、台湾史等划分时期，就不一定非要与新中国史的通史分期保持一致不可。因为，无论专门史还是某些地方史，与国家整体历史的阶段并不完全一样。例如，当中华人民共和国成立时，有的地方还没有解放，或主权还没有回归，这些地方的现代史或当代史的起点就会与国史有所不同。分期的对象不同，结果也会不同。

再有，历史分期的目的不同，也会影响对历史的分期。党中央在建党 100 年所作的第三个历史决议，将百年历史分为四个时期，即“夺取新民主主义革命的伟大胜利”（1921—1949 年），“完成社会主义革命和推进社会主义现代化建设”（1949—1978 年），“进行改革开放和社会主义现代化建设”（1978—2012 年），“开创中国特色社会主义新时代”（2012—2021 年）。按照这种方法，党史在新中国时期的部分，被分为三大段。之所以这样划分，习近平总书记在十九届六中全会上对决议所作说明中讲得很清楚，即决议的目的是总结建党百年来的重大成就和历史经验，而且重点放在新时代。也就是说，这个“历史决议”对历史分期的目的和重点，与编写党史的通史书不一样，不是要叙述党的百年历史过程，因此，不需要对党史不同时期作详细的划分。至于今后党史书在分期上是否要与“历史决议”一致，关键要看编书的重点和编写的时间节点是什么。同样，如果是编写新中国史的通史，就不能只分三大段，起码对社会主义过渡前后的历史，要加以区分。

还要看到，无论某种对新中国史的分期方法多么接近真理，也只有相对的意义。这是因为，新中国还在向前发展，到了新中国成立 100 年、200 年时，分期的方法肯定会和现在又有所不同。

2001 年我调到当代中国研究所工作后，以迎接 2004 年新中国成立 55 周年为目标，主持制定了《2001—2004 年科研规划》，得到中共中央书记处会议的原则同意。这个规划共提出十项任务，第一项就是编写和出版《中华人民共和国简史》。在草拟简史章节大纲时，碰到的第一个问题是如何给国史分期，分期的标准和依据是什么。通过对已有党史、国史书籍的考察，我逐渐形成了对新中国史分期标准的主张，并从 2003 年起，将简史大纲分成五个时期，由各研究室分头起草。2008 年，《中国社会科学》杂志社看到我有关国史编研理论问题的一些文章，向我约稿，以《论中华人民共和国史研究》（以下简称《论国史研究》）为题，发表在翌年第 1 期上，其中第二部分专门谈的是历史分期问题。

那时，我关于分期标准的主张是为了更大程度地体现国史特点，应以经济社会发展道路或体制模式的变化为标准来观察和划分历史时期。依据这个标准，我当时给国史划分了五个时期：

1949—1956 年，是由新民主主义社会向社会主义社会过渡的时期，也是结合中国实际学习苏联社会主义建设道路的时期，或者说是以苏联的道路为体制模式的时期，共 7 年。

1956—1978 年，是进入社会主义社会，并探索中国自己的社会主义建设道路的时期，或者说是要突破苏联模式，试图用计划经济体制加群众运动搞建设的时期，共22年。

1978—1992年，是开创中国特色社会主义建设道路的时期，或者说是在经济体制上采用计划经济加市场调节模式的时期，共14年。

1992—2003年，是拓展中国特色社会主义道路，或者说初步建立社会主义市场经济体制的时期，共10年。

2003年以后，是完善中国特色社会主义道路，或者说是社会主义市场经济基础上更加注重经济与社会协调发展、科学发展、和谐发展的时期。当时，那一时期还在发展之中。

2015年，我对国史分期有了新的观点。所谓新，主要表现在第五个时期的起点划分上。因为，直到2012年党的十八大召开，10年过去了，科学发展观在实际工作中并没有如预料的那样得到落实，以至于那10年与此前的10年相比，无论在经济建设的指导思想上，还是在党风和社会风气等各个方面上，都没有发生明显变化，实在算不上是新中国史的一个新阶段。但是，党的十八大之后，无论政治、经济还是文化、社会，也无论外交、国防还是治党、治国，各个方面都呈现出明显的阶段性特征，的确称得上一个新的历史时期的开始。所以，经过两年观察，我从2015年起在讲座和文章中，都把新中国第五个历史时期的起点由2003年推迟到了2012年，相应地，把第四个历史时期的终点也由2003年移到了2012年。除此之外，关于分期的标准和其他时期的上下限，都没有变化。

以下，对五个时期的划分作一些具体说明。

1. 关于1949—1956年为由新民主主义向社会主义过渡时期

新中国成立后，确实存在过短暂的新民主主义时期，否则就不会提出由新民主主义向社会主义过渡总路线了。但这个时期，第一不稳定，在不断增加社会主义因素；第二时间短，从1953年开始向社会主义过渡，1956年就过渡完了。

2. 关于1956—1978年为计划经济加群众运动时期

这样划分的一个关键问题在于把过去单独作为一个时期的“文化大革命”十年，放入了这一时期。这主要基于以下几点理由。

第一，发动“文化大革命”的主要论点错了，但其出发点是为了反修防修、巩固社会主义制度。

习近平总书记在论述改革开放前后两个历史时期的关系时指出：这两个时期“是两个相互联系又有重大区别的时期，但本质上都是我们党领导人民进行社会主义建设的实践探索。”① 这里说的探索，我认为也包括“文化大革命”时期。“文化大革命”10年在改革开放前的29年中，占了1/3强的时间。改革开放前历史时期是社会主义建设的实践探索，怎么能说“文化大革命”不是探索呢？而且，党的第二个历史决议在分析“文化大革命”发生的原因时也明确指出：“社会主义运动的历史不长，社会主义国家的历史更短，社会主义社会的发展规律有些已经比较清楚，更多的还有待于继续探索。”② “文化大革命”对于如何反修防修、巩固无产阶级专政的探索虽然失败了，但不能说失败的探索就不是

① 《十八大以来重要文献选编》（上），中央文献出版社2014年版，第111页。
② 《三中全会以来重要文献选编》（下），人民出版社1982年版，第817页。

探索；而且，这个探索至今仍在进行。改革开放后，接连不断地进行党的集中教育活动，打击经济领域走私贩私，惩治贪污受贿等违法犯罪活动，开展反对思想战线精神污染和资产阶级自由化、历史虚无主义、“新自由主义”、民主社会主义、西方宪政、“普世价值”等错误思潮的斗争，这些可以说都是对防止“和平演变”、巩固无产阶级专政的探索。

第二，发动“文化大革命”的主要论点错了，但不等于所有论点都错了。

比如，“无产阶级夺取政权后还存在得而复失的危险”，“要防止干部脱离群众、当官做老爷”，这些论点并没有错。即使“要警惕和反对党内走资本主义的当权派”的论点，如果离开当年的特定含义，也是合乎逻辑的、科学的、富有理论价值的。而且，被后来的东欧剧变、苏联解体、苏共下台，以及我国改革开放后出现党内资产阶级自由化和腐败分子等事实所验证。

党的第二个历史决议指出：发动“文化大革命”的主要论点，曾被概括成为无产阶级专政下要继续革命的理论，从而使“无产阶级专政下继续革命”一语有了特定的含义。具体来说，就是指无产阶级取得政权后，仍然要进行一个阶级推翻另一个阶级的革命。这种“继续革命”的观点，当然是错误的，应当否定，而且在党的十一届三中全会后已经被否定。但否定这种特定含义的“继续革命”，并不意味着本来意义的继续革命也要被否定。对此，党的第二个历史决议当时就作出过详细阐释，指出：纠正这个口号的错误，“绝对不是说革命的任务已经完成，不需要坚决继续进行各方面的革命斗争。社会主义不但要消灭一切剥削制度和剥削阶级，而且要大大发展社会生产力，完善和发展社会主义的生产关系和上层建筑，并在这个基础上逐步消灭一切阶级差别，逐步消灭一切主要由于社会生产力发展不足而造成的重大社会差别和社会不平等，直到共产主义的实现。这是人类历史上空前伟大的革命。我们现在为建设社会主义现代化国家而进行的斗争，正是这个伟大革命的一个阶段”。[1] 这段论述清楚地说明，否定特定含义的“继续革命”理论，不等于中国共产党和共产党人就不要继续革命了。

党的十八大以来，习近平总书记反复强调“革命理想高于天”，要求共产党人不要忘记自己是革命者。他在 2018 年一次讲话中，还着重谈到过去一度十分流行的“我们党现在已经从‘革命党’转变成‘执政党’”的观点，明确指出：“这个说法是不准确的。我们党的正式提法是，我们党历经革命、建设、改革，已经从领导人民为夺取全国政权而奋斗的党，成为领导人民掌握全国政权并长期执政的党；已经从受到外部封锁和实行计划经济条件下领导国家建设的党，成为对外开放和发展社会主义市场经济条件下领导国家建设的党。这里面并没有区分‘革命党’和‘执政党’，并没有把革命和执政当作两个截然不同的事情。马克思主义认为，社会革命以生产力和生产关系的矛盾运动为基础，不仅仅是

---

① 《三中全会以来重要文献选编》（下），人民出版社 1982 年版，第 844—845 页。

一种破除旧的政治上层建筑的社会运动，更是一种新的社会建设运动。我们党是马克思主义执政党，但同时是马克思主义革命党，要保持过去革命战争时期的那么一股劲、那么一股革命热情、那么一种拼命精神，把革命工作做到底。”[①] 他的这一论述再次表明，无产阶级在完成夺取政权的革命任务后，革命并没有结束。社会主义建设和改革仍然是革命，我们党现在做的仍然是革命工作，而且要把这种革命工作一直做下去。所以，对“无产阶级专政下继续革命”的理论，也要做具体分析，不能笼统否定。

第三，“文化大革命”时期不等于“文化大革命”。

“文化大革命”是一场持续十年之久的政治运动，在这 10 年时间里，除了“文化大革命”和其中的一系列大大小小政治运动外，还有各个领域的工作和建设。党的第二个历史决议说：那个时期，“我国国民经济虽然遭到巨大损失，仍然取得了进展。粮食生产保持了比

① 《习近平关于“不忘初心、牢记使命”论述选编》，中央文献出版社 2019 年版，第 299—300 页。

较稳定的增长。工业交通、基本建设和科学技术方面取得了一批重要成就。……在国家动乱的情况下，人民解放军仍然英勇地保卫着祖国的安全。对外工作也打开了新的局面。党、人民政权、人民军队和整个社会的性质都没有改变。”[①] 决议还指出：“在‘文化大革命’中，我们党没有被摧毁并且还能维持统一，国务院和人民解放军还能进行许多必要的工作。……社会主义建设还在进行。我们的国家仍然保持着统一并且在国际上发挥重要影响。”[②] 可见，否定“文化大革命”，并不等于否定了“文化大革命”时期。

第四，“文化大革命”时期不是不要建设，而是试图通过“抓革命、促生产”，走出一条中国自己的建设社会主义道路。

从 1956 年起，我国开始强调把苏联经验同本国实践结合起来，反对照抄照搬，并逐渐提出要以自己的经

① 《三中全会以来重要文献选编》（下），人民出版社 1982 年版，第 816—817 页。

② 《三中全会以来重要文献选编》（下），人民出版社 1982 年版，第 815 页。

验为主，苏联的经验只能做参考。所谓自己的经验，最早最集中的体现在毛泽东《论十大关系》和《关于正确处理人民内部矛盾的问题》两篇讲话中；其中最核心的、在 1956—1978 年始终起主导作用的，就是计划经济加突出政治和群众运动。

毛泽东在探索社会主义过程中的最大失误，是发动“大跃进”和“文化大革命”。这两大失误的表现各有不同，前者主要是在经济建设上急于求成，后者主要是将党和国家的工作重点由经济建设转移到了阶级斗争。但无论前者还是后者，失误的主要原因都出在主观上想进一步加快建设速度，试图通过政治挂帅和提高人民思想觉悟来发动群众，用群众运动的办法弥补客观条件的不足，却忽略了客观经济规律。“文化大革命”虽然提出“以阶级斗争为纲”，但主观上并非不要经济建设，更不是要“跃过工业化”搞所谓“民粹化”的社会主义，而是想用抓阶级斗争的办法促进经济建设。否则，无法解释毛泽东为什么提出“抓革命、促生产”[1]的方针，为什么同意周恩来重申1964年提出的20世纪内全面实现“四个现代化”的奋斗目标，为什么支持邓小平重新出来工作、作出“把国民经济搞上去”[2]的指示，为什么批准用40多亿美元进口西方发达国家的先进工业设备。

至于我把粉碎“四人帮”后“徘徊前进”的两年也放入社会主义建设和探索时期，原因同样在于，那两年虽然结束了“文化大革命”的动乱，开始大力抓经济建设，但追求的目标仍然是回到“文化大革命”前用计划经济加突出政治和群众运动的发展模式，而不是要另辟一条新路。反映这个目标的一个重要标志，就是提出“两个凡是”的方针。党的第二个历史决议对那两年作评价时指出：“党和国家组织的整顿、冤假错案的平反，开始部分地进行。工农业生产得到比较快的恢复。教育科学文化工作也开始走向正常。党内外同志越来越强烈地要求纠正‘天安门事件’的错误，但是遇到了严重的

① 《建国以来毛泽东文稿》第12册，中央文献出版社1998年版，第424页。
② 《邓小平文选》第2卷，人民出版社1994年版，第12页。

阻碍。”[①] 同时，那两年也存在“对经济工作中的求成过急和其他一些‘左’倾政策的继续”。[②] 由中共中央审定的《中国共产党的七十年》一书，更加具体地指出：那两年在经济上，“发生了急于求成、片面追求高速度的急躁冒进的错误……相继提出了不切实际的高指标和根本不可能实现的大口号”，[③] 以至于成为“大跃进”之后积累率最高、基本建设投资额增长最快的时期。

总之，“全面建设”的 10 年、“文化大革命”的 10 年、“徘徊前进”的 2 年，这三个时期尽管各有不同特点，但有一个共同点，即建设的指导思想或目标模式都是计划经济加突出政治和群众运动。正是基于这个原因，我把以上三个时期合并在一起，都作为建设和探索中国社会主义的时期。我认为，这样分期既符合它们的阶段性特征，也有利于人们正确认识它们的本质，有利于抵制把改革开放前后两个历史时期加以割裂和对立的错误倾向。

---

① 《三中全会以来重要文献选编》(下)，人民出版社 1982 年版，第 820 页。

② 《三中全会以来重要文献选编》(下)，人民出版社 1982 年版，第 820 页。

③ 《中国共产党的七十年》，中共党史出版社 1991 年版，第 484、485 页。

最后需要指出的是，如果说在20世纪八九十年代，当新中国历史仅有三四十年，时间还不很长的时候，讲授和编撰新中国史，把“文化大革命”的10年与全面建设社会主义的10年并列为两个时期还有一定道理的话，那么，当新中国史已经有了六七十年之久，还把它们并列作为两个独立的历史时期，就没有道理了。再这样分期，不仅对人们正确认识“文化大革命”时期和改革开放前历史时期的关系、树立新中国的历史自信不利，也会给人造成“文化大革命”时期游离于社会主义时期之外的印象，给历史虚无主义思潮割裂改革开放前后两个历史时期以可乘之机。

“文化大革命”是全局性错误，但犯全局性错误的时期不一定非要单独分期不可。比如，“大跃进”也是全局性错误，然而，过去无论党史书还是国史书，一般都将其列入1956—1966年的全面建设社会主义时期。可见，某个时期是否发生全局性错误，并不是历史分期的标准。

3. 关于 1978—1992 年为计划经济加市场调节时期

当 1956 年资本主义工商业改造刚刚完成、计划经济体制初步建立时，陈云就在党的八大上提出过一个关于经济体制改革的设想，即在所有制上应以国家和集体为主体，以个体为补充；在生产上应以国家计划生产为主体，以根据市场变化进行自由生产为补充；在市场管理上应以国家统一市场为主体，以自由市场为补充。[①]这个“三为主三为辅”的设想，当年由于种种原因并未能实行，却成为改革开放初期经济体制改革的目标模式。1979 年初，陈云对他的思想作了进一步丰富和发展，在关于《计划与市场问题》一文中提出：无论苏联还是中国的计划工作，主要缺点是“只有‘有计划按比例’这一条，没有在社会主义制度下还必须有市场调节这一条。”他主张，“整个社会主义时期必须有两种经济：（1）计划经济部分（有计划按比例的部分）；（2）市场调节部分（即不作计划，只根据市场供求的变化进行生

① 《陈云文选》第 3 卷，人民出版社 1995 年版，第 13 页。

产）即带有盲目性调节的部分。”他还指出，在经济体制改革中，“不一定计划经济部分愈增加，市场经济部分所占绝对数额就愈缩小，可能是都相应地增加”。[①]不久后，他把这个思想概括为“以计划经济为主、市场调节为辅”。[②]

从那时起，直到1992年的党的十四大前，我国经济体制改革基本上是按照这个思路展开的。1982年党的十二大报告明确把“计划经济为主、市场调节为辅”作为体制改革的原则，指出：“有计划的生产和流通，是我国国民经济的主体。同时，允许对于部分产品的生产和流通不作计划，由市场来调节。”[③]党的十三大报告虽然提出“社会主义经济是公有制基础上的有计划的商品经济”，但仍然明确肯定有计划的商品经济就是“计划与市场内在统一的体制”。[④]1989年春夏之交的政治风

---

① 《陈云文选》第3卷，人民出版社1995年版，第245、247页。

② 《陈云文选》第3卷，人民出版社1995年版，第309页。

③ 《十二大以来重要文献选编》(上)，人民出版社1986年版，第22页。

④ 《十三大以来重要文献选编》(上)，人民出版社1991年版，第26页。

波之后，邓小平再次强调："以后还是计划经济与市场调节相结合。"[①]

可见，从改革开放之初到1992年邓小平南方谈话及党的十四大之前，计划经济与市场调节相结合，始终是经济体制改革的目标模式，也是那个时期最为突出的阶段性特征。这一阶段性特征既区别于1956年到1978年的22年，也区别1992年之后的时期，成为影响那14年社会生活方方面面的经济根源。基于以上原因，把那14年作为新中国的第三个历史时期，也是合适的。

4. 关于1992—2012年为建立社会主义市场经济体制时期

邓小平在1992年南方谈话中指出："计划多一点还是市场多一点，不是社会主义与资本主义的本质区别。"[②]党的十四大据此作出决议，表示"我国经济体制改革的目标是建立社会主义市场经济体制……使市场在

① 《邓小平文选》第三卷，人民出版社2001年版，第306页。

② 《邓小平文选》第三卷，人民出版社2001年版，第373页。

社会主义宏观调控下对资源配置起基础性作用”。[①] 报告同时强调，这一新体制是与社会主义基本制度结合的，是坚持国家宏观调控的，是包括使用计划手段的。报告还指出：不同经济成分“可以自愿实行多种形式的联合经营”，“国有企业、集体企业和其他企业都进入市场”；在分配制度上，“要兼顾效率与公平”。[②] 这些提法，与1978—1992年的计划与市场相结合相比，显然发生了新的明显的变化。

在1993年党的十四届三中全会《关于建立社会主义市场经济体制若干问题的决定》中，对以公有制为主体、多种经济成分共同发展的所有制制度的表述，有了进一步变化。决定在指出“就全国来说，公有制在国民经济中应占主体地位”的同时，又说：“有的地方、有的产业可以有所差别。”就是说，有的地方、有的产业，公有制可以不占主体。决定还将“兼顾效率与公平”的提法，进一步改为“效率优先、兼顾公平”，提出“允

---

① 《十四大以来重要文献选编》（上），人民出版社1995年版，第18、19页。

② 《十四大以来重要文献选编》（上），人民出版社1995年版，第19页。

许个人的资本等要素参与收益分配”。[①] 接着，1997 年党的十五大报告又在“允许”后面，加了“鼓励”二字，变为：“允许和鼓励资本、技术等生产要素参与收益分配。”[②]

以上这些经济体制、机制的重大改革，不可避免地带来社会经济成分、组织形式、就业方式、利益关系、分配方式日益多样化的局面，从而不可避免地造成人们思想和社会活动的独立性、选择性、多变性、差异性越来越增强，导致社会生活产生方方面面的深刻变化。这些变化自然会使党的十四大前后相比，呈现出明显的阶段性区别。所以，把确定社会主义市场经济体制当成新中国第四个历史时期的起点，同样是合适的。

5. 关于 2012 年至今为完善和发展中国特色社会主义制度时期

第五个时期的阶段性特征，我认为大致表现在以下

---

① 《十四大以来重要文献选编》(上)，人民出版社 1995 年版，第 526、534、535 页。

② 《十五大以来重要文献选编》(上)，人民出版社 1995 年版，第 24 页。

七个方面。

第一，在执政理念上更加突出人民至上。

党的十八大后，以习近平同志为核心的党中央反复强调要坚持人民至上、以人民为中心，这与我党为人民服务的宗旨既一脉相承，同时在内涵和针对性上有所深化和创新，是为人民服务宗旨在新时代新条件下的具体化。

我们党讲为人民服务，在革命战争年代，针对的主要是个人主义、小团体主义，即把个人和小团体利益置于人民利益之上的思想和行为。新中国成立后，党成为全国执政党，党员特别是党的各级干部手中有了一定权力，这时强调为人民服务，除了一般性地针对个人主义外，主要针对的是官僚主义和以权谋私。改革开放后，我国实行了以公有制为主体、多种所有制经济共同发展的基本经济制度和按劳分配为主体、多种分配方式并存的分配制度，确立了社会主义市场经济，鼓励和支持非公有制经济发展，把对外开放确立为一项基本国策，包括国外资本在内的私人资本成为被允许、鼓励参与分配的生产要素，出现了资本市场和亿万财富的拥有者。在这种情况下，一些党员、干部尤其个别领导干部经受不住改革开放、市场经济、外部环境的考验，把以权谋私进一步变成了赤裸裸的权钱交易。他们一手接受私人资本拥有者的贿赂，一手为私人资本的非法经营与牟利大开方便之门。他们的所作所为不仅损害了党的形象，严重破坏了党群关系，也助长了资本的无序扩张、野蛮生长，严重破坏了社会主义市场经济的正常秩序和健康发展，扩大了贫富差距，危害社会主义制度的安全。联系到邓小平在改革开放初期讲过的“现在有人担心中国会不会变成资本主义。这个担心不能说没有一点道理”①，我理解党的二十大报告中说的10年前“党内和社会上不少人对党和国家前途忧心忡忡”②的“忧”，主要就集中在这个问题上。所以，习近平总书记一再强调坚持人民至上、以人民为中心，其针对性虽包括个人主义和以权

---

① 《邓小平文选》第3卷，人民出版社1993年版，第111页。

② 习近平：《高举中国特色社会主义伟大旗帜 为全面建设社会主义现代化国家而团结奋斗——在中国共产党第二十次全国代表大会上的报告》，人民出版社2022年版，第5页。

谋私，但更大程度针对的是资本至上和以资本为中心。

习近平总书记指出，我们既要看到和发挥资本在促进生产力发展方面的积极作用，又要警惕和防范资本的无序扩张。他强调："在社会主义市场经济条件下规范和引导资本发展，既是一个重大经济问题、也是一个重大政治问题，既是一个重大实践问题、也是一个重大理论问题，关系坚持社会主义基本经济制度，关系改革开放基本国策，关系高质量发展和共同富裕，关系国家安全和社会稳定。"① 明白了这个道理，再回过头来学习习近平总书记关于坚持人民至上、以人民为中心的一系列重要讲话，感受自然会更加真切，领会也会更加透彻。就是说，我们的经济社会发展也好，体制改革也罢，必须坚持人民至上、以人民为中心，而绝不能资本至上、以资本为中心，否则就会危及社会主义的基本经济制度，危及改革开放的基本国策。

习近平同志在党的十八届一中全会上被选举为中共

① 《依法规范和引导我国资本健康发展　发挥资本作为重要生产要素的积极作用》，《人民日报》2022 年 5 月 1 日。

中央委员会总书记后，首次公开讲演就鲜明提出："人民对美好生活的向往，就是我们的奋斗目标。"①从那时起，以习近平同志为核心的党中央围绕这个主题，提出了一系列施政方针，实行了一系列政策措施，在党的十八大之后显示出鲜明的阶段性特征。

第二，在政治建设上更加突出坚持共产党的全面领导。

改革开放以来，党和国家领导制度的改革成为政治体制改革的重要内容。这一改革原本是为了保持党和国家的活力、克服官僚主义和提高工作效率，调动基层和群众积极性，从而有利于巩固党的领导，有利于在社会主义制度下发展生产力。但在改革过程中，由于没有把握好方向，一度片面提出"党政分开"的口号。受此影响，不少政府机构和国有企事业单位取消了党委领导制，使党的领导被虚化、弱化。更有甚者，有人鼓吹西方的民主化和所谓"普世价值"观、"宪政"民主，主

① 《十八大以来重要文献选编》（上），中央文献出版社 2014 年版，第 70 页。

张实行多党制、三权鼎立、两院制，提出“法大还是党大”等伪命题，一度在坚持党的领导和依法治国的关系问题上，造成一定程度的思想混乱。

针对上述倾向，习近平总书记指出：“要推动全党把坚持正确政治方向贯彻到谋划重大战略、制定重大政策、部署重大任务、推进重大工作的实践中去，经常对表对标，及时校准偏差，坚决纠正偏离和违背党的政治方向的行为，确保党和国家各项事业始终沿着正确政治方向发展”[①]。事实充分说明，党的十八大后，解决党的领导虚化、弱化的问题，便是用正确的政治方向“对表对标、校准偏差”的重大成果。

第三，在经济建设上更加突出发展的平衡性、协调性、务实性、创新性和可持续性。

自从新中国完成对资本主义工商业的改造后，我们党就把工作重点由阶级斗争转到了建设经济上。虽然后来一度出现过重点转移，但自从党的十一届三中全会停

① 《十九大以来重要文献选编》(上)，中央文献出版社 2019 年版，第 537 页。

止使用“以阶级斗争为纲”的口号、将党的工作重点重新转回到社会主义建设上来之后，在工作重点上没有再出现偏离。党的十八大后，以习近平同志为核心的党中央对新中国成立以来特别是改革开放以来我国经济发展的实践进行了全面总结，提出了一系列新理念、新举措。其中有些是根据客观形势的发展和变化提出的，有些则是针对过去一个时期工作中的不足和缺陷而提出的。无论哪种情况，都使我国经济发展进入一个新境界，标志我国经济发展由高速增长阶段转向高质量发展阶段。

首先，对国内国际的客观形势变化作出准确判断。例如，根据我国生产力水平显著提高的实际状况，对社会主要矛盾的提法，由过去很长时间内一直表述的“人民日益增长的物质文化需要同落后的社会生产之间的矛盾”，变为了“人民日益增长的美好生活需要和不平衡不充分的发展之间的矛盾”[①]；根据我国发展环境和条件变化的实际，提出我国已由过去的高速增长阶段进入中

---

① 《决胜全面建成小康社会　夺取新时代中国特色社会主义伟大胜利——在中国共产党第十九次全国代表大会上的报告》，人民出版社 2017 年版，第 11 页。

高速增长的新常态；根据全球经济复苏乏力、逆全球化趋势加剧、一些欧美国家单边主义和保护主义明显上升的新形势，提出我国发展新的战略机遇期虽然没有失去，但来自外部的打压和遏制随时可能升级，市场和资源“两头在外”的国际大循环动能明显减弱，并由此提出构建以国内大循环为主体、国内国际双循环相互促进的新发展格局。

其次，及时提出了一系列有针对性的新发展方针。例如，创新、协调、绿色、开放、共享的新发展理念；要从增量扩能为主转向体现新发展理念的高质量发展；要坚持稳中求进的工作总基调；要推进供给侧结构性改革；要把发展的立足点进一步放在国内，更多依靠国内市场；要把科技创新放在现代化建设全局的核心位置，健全社会主义市场经济条件下的新型举国体制，着重解决核心技术受制于人、被“卡脖子”的问题；要建设更高水平的开放型经济新体制，推动共建“一带一路”高质量发展，打造国际合作的新平台；等等。

最后，系统谋划和实施了一系列经济发展的新战略。例如，在继续完善和实施科教兴国、可持续发展、人才强国和西部大开发、振兴东北、中部崛起、支持东部率先发展、促进城乡及区域协调发展等战略的同时，相继出台了包含精准扶贫和脱贫、推进城乡发展一体化、加快农业农村现代化、加强农村人才培养、提高乡村文明程度等内容的乡村振兴战略；包含京津冀协同发展、长江经济带发展、粤港澳大湾区建设、长三角一体化发展、黄河流域生态保护和高质量发展等区域发展战略在内的区域协调发展战略；包含促进转移到城镇的农村富余劳动力和农村人口实现市民化，解决好转移人口落户和权益保障问题，着力调高城市发展持续性、宜居性，推动城市治理重心和配套资源向街道社区下沉，构建大中小城市和小城镇协调发展的城镇格局，建立健全城乡融合发展体制机制和政策体系等要求在内的新型城镇化战略；以及包含推进中国特色自由贸易区建设的建设自贸区战略。

第四，在文化建设上更加强调要维护马克思主义在意识形态领域的指导地位，同各种错误思潮作斗争。

改革开放前，受“左”的思想影响，一度过分强调“斗争哲学”，不该斗的也斗，动不动就上纲上线到路线是非，造成很多冤假错案，严重抑制人们的主动性、积极性、创造性。改革开放后，一些人错误总结经验教训，出现了另一种倾向，即怕矛盾、怕斗争、怕得罪人，致使各种错误思想、错误思潮畅行无阻、甚嚣尘上。对此，党的十八大后主动出击、积极应对。正如习近平总书记所说：“敢于亮剑是党的十八大以来意识形态工作的鲜明特征。”①

首先，要求旗帜鲜明地巩固马克思主义的指导地位。以马克思主义为指导是《中国共产党章程》和《中华人民共和国宪法》明文规定的，是我们党和国家立党立国、兴党兴国的根本指导思想。改革开放后，一些人打着“解放思想”的旗号，散布“马克思主义过时论”，造成“在有的领域中马克思主义被边缘化、空泛化、标签化，在一些学科中‘失语’、教材中‘失踪’、论坛上

① 《习近平新时代中国特色社会主义思想专题摘编》，中央文献出版社 2023 年版，第 312 页。

'失声'" [1]。针对这种现象，习近平总书记旗帜鲜明地指出："宣传思想工作就是要巩固马克思主义在意识形态领域的指导地位。"[2] "党校、干部学院、社会科学院、高校、理论学习中心组等都要把马克思主义作为必修课，成为马克思主义学习、研究、宣传的重要阵地。" [3] 他尤其强调"党校姓党"[4]，说"党校特别是中央党校要坚持以马克思主义为指导"[5]。他还指出："坚持以马克思主义为指导，是当代中国哲学社会科学区别于其他哲学社会科学的根本标志，必须旗帜鲜明加以坚持。" [6] "我

---

① 《习近平关于社会主义文化建设论述摘编》，中央文献出版社 2017 年版，第 76 页。

② 《习近平关于社会主义文化建设论述摘编》，中央文献出版社 2017 年版，第 22 页。

③ 《习近平关于社会主义文化建设论述摘编》，中央文献出版社 2017 年版，第 22 页。

④ 《习近平关于社会主义文化建设论述摘编》，中央文献出版社 2017 年版，第 68 页。

⑤ 《习近平关于社会主义文化建设论述摘编》，中央文献出版社 2017 年版，第 69 页。

⑥ 《习近平关于社会主义文化建设论述摘编》，中央文献出版社 2017 年版，第 73 页。

国哲学社会科学的一项重要任务就是继续推进马克思主义中国化、时代化、大众化”[①]。在习近平总书记的指导下，全国高校普遍成立了马克思主义学院。他郑重告诫人们：“马克思列宁主义、毛泽东思想一定不能丢，丢了就丧失根本。”[②]

其次，要求坚定不移地同各种错误思潮作斗争。党的十八大之前很长时期，意识形态工作中有一个占据主导地位的提法，叫作“不争论”，还说这是邓小平讲的。实际上，邓小平讲的是在改革开放的做法上不要搞争论，以免“把时间都争掉了，什么也干不成”，[③]并不是讲在意识形态领域，在改革开放的方向问题上，在走社会主义道路还是资本主义道路的问题上也不争论。在这些问题上，他一直强调要反对资产阶级自由化，坚持社会主义方向。用他自己的话说：“反对资产阶级自由化，

① 《习近平关于社会主义文化建设论述摘编》，中央文献出版社 2017 年版，第 75 页。

② 《习近平关于社会主义文化建设论述摘编》，中央文献出版社 2017 年版，第 59 页。

③ 《邓小平文选》第 3 卷，人民出版社 1993 年版，第 374 页。

我讲得最多，而且我最坚持。”“某些人所谓的改革，应该换个名字，叫作自由化，即资本主义化。他们‘改革’的中心是资本主义化。我们讲的改革与他们不同，这个问题还要继续争论的。”[①]可见，“不争论”不是也不可能是邓小平在意识形态工作上的主张。

党的十八大后，习近平总书记针对以所谓“不争论”“不炒热”“让说话”等为幌子放弃意识形态斗争的现象，指出：“坚持正面宣传为主，决不意味着放弃舆论斗争。敌对势力在那里极力宣扬所谓的‘普世价值’。这些人是真的要说什么‘普世价值’吗？根本不是，他们是挂羊头卖狗肉，目的就是要同我们争夺阵地、争夺人心、争夺群众，最终推翻中国共产党领导和中国社会主义制度。如果听任这些言论大行其道，指鹿为马，三人成虎，势必搞乱党心民心，危及党的领导和社会主义国家政权安全。”[②]他强调说：“对别有用心的人散布的

---

① 《邓小平文选》第3卷，人民出版社1993年版，第374、181、297页。

② 《习近平关于社会主义文化建设论述摘编》，中央文献出版社2017年版，第27页。

政治谣言和奇谈怪论，我们的党员、干部耳朵根子不要软，不要听风就是雨。同时，我们不能默不作声，要及时反驳，让正确声音盖过它们。这与韬光养晦或不争论是两码事。”他要求，对一切错误的言行都要“敢抓敢管，敢于亮剑”，“有的放矢，正面交锋”[①]。

习近平总书记不仅这样说，而且自己率先垂范。他针对有人鼓吹西方“宪政”的言论指出：“我国人民民主与西方所谓的‘宪政’本质上是不同的。”[②]“推进国家治理体系和治理能力现代化，绝不是西方化、资本主义化！”[③]针对有人鼓吹西方价值观的言论，他指出：“如果我们用西方资本主义价值体系来剪裁我们的实践，用西方资本主义评价体系来衡量我国发展，符合西方标准就行，不符合西方标准就是落后的陈旧的，就要批判、

---

① 《习近平关于社会主义文化建设论述摘编》，中央文献出版社 2017 年版，第 209、27、34 页。

② 《习近平关于总体国家安全观论述摘编》，中央文献出版社 2018 年版，第 25 页。

③ 《习近平关于总体国家安全观论述摘编》，中央文献出版社 2018 年版，第 24 页。

攻击，那后果不堪设想！最后要么就是跟在人家后面亦步亦趋，要么就是只有挨骂的份。”① 针对有人散布历史虚无主义言论，他指出：“历史虚无主义的要害，是从根本上否定马克思主义指导地位和中国走向社会主义的历史必然性，否定中国共产党的领导。”② 苏共下台、苏联解体的一个重要原因，就是意识形态领域出了问题，“搞历史虚无主义，思想搞乱了，各级党组织几乎没任何作用了”。③

党的十八大以来，习近平总书记高度重视宣传思想战线的作用。他指出：“宣传思想阵地，我们不去占领，人家就会去占领。”④ 他批评“一些单位和党政干部政治敏感性、责任感不强，在重大意识形态问题上含

---

① 《习近平关于总体国家安全观论述摘编》，中央文献出版社 2018 年版，第 34 页。

② 中共中央党史研究室：《历史是最好的教科书——学习习近平同志关于党的历史的重要论述》，《人民日报》2013 年 7 月 22 日。

③ 《十八大以来重要文献选编》（上），中央文献出版社 2014 年版，第 113 页。

④ 《习近平关于社会主义文化建设论述摘编》，中央文献出版社 2017 年版，第 30 页。

含糊糊、遮遮掩掩，助长了错误思潮的扩散”①。他要求“宣传思想战线的同志要当战士、不当绅士，不做‘骑墙派’和‘看风派’，不能搞爱惜羽毛那一套”，要“以战斗的姿态、战士的担当，积极投身宣传思想领域斗争一线”②。他强调：“党性原则是党的新闻舆论工作的根本原则。党管宣传、党管意识形态、党管媒体是坚持党的领导的重要方面。党性原则不仅要讲，而且要理直气壮讲，不能躲躲闪闪、扭扭捏捏。”③“党管媒体，不能说只管党直接掌握的媒体。党管媒体是把各级各类媒体都置于党的领导之下……不能让党管媒体的原则被架空。”④

再次，要求理直气壮地纠正文化界的偏向。我们

---

① 《习近平关于社会主义文化建设论述摘编》，中央文献出版社 2017 年版，第 35 页。

② 《习近平关于社会主义文化建设论述摘编》，中央文献出版社 2017 年版，第 45 页。

③ 《习近平关于社会主义文化建设论述摘编》，中央文献出版社 2017 年版，第 40 页。

④ 《习近平关于社会主义文化建设论述摘编》，中央文献出版社 2017 年版，第 42 页。

党一向重视文艺工作和精神文明建设在革命事业中的作用，每当文化界出现偏向，党的领导人总要亲自出面做纠偏的工作。例如，抗战时期，毛泽东针对延安文艺界脱离工农兵、脱离现实生活、只注重研究和表现小资产阶级知识分子的思想感情、毫无批判地硬搬和模仿古人和外国人的作品、热衷于“暴露黑暗”等偏向，专门主持召开了一次文艺座谈会，并发表了著名讲话。改革开放初期，邓小平针对文艺界出现的伤痕文学和宣扬抽象人道主义、鼓吹“现代派”的思潮，以及热衷于写阴暗面、歪曲革命历史和现实等现象，发表了《党在组织战线和思想战线的迫切任务》的讲话，要求清理精神污染，提出“不管是什么专家、学者、作家、艺术家，只要是党员，都不允许自视特殊”[1]。然而，由于种种原因，这些问题并没有得到根本解决，精神污染的现象依然时隐时现、时起时伏，在有的领域甚至变本加厉、愈演愈烈，成为我们党长期想解决而没有解决的问题之一。

---

① 《邓小平文选》第 3 卷，人民出版社 1993 年版，第 46 页。

进入新时代，以习近平同志为核心的党中央召开了自20世纪40年代以来一直没有再开过的文艺座谈会。会上，习近平总书记发表了重要讲话，在肯定广大文艺工作者取得显著成绩的同时，也开诚布公地批评了文艺创作方面存在的突出问题。比如，抄袭模仿、千篇一律、机械化生产、快餐式消费；调侃崇高、扭曲经典、颠覆历史、丑化人民群众和英雄人物；是非不分、善恶不辨、以丑为美，过度渲染阴暗面；搜奇猎艳、一味媚俗、低级趣味，把作品当作追逐利益的“摇钱树”和感官刺激的“摇头丸”；胡编乱写、粗制滥造、牵强附会，制造文化“垃圾”；追求奢华、过度包装、炫富摆阔，形式大于内容；热衷于所谓“为艺术而艺术”，只写一己悲欢、杯水风波，脱离大众、脱离现实；“‘以洋为尊’、‘以洋为美’、‘唯洋是从’，把作品在国外获奖作为最高追求，跟在别人后面亦步亦趋、东施效颦，热衷于‘去思想化’、‘去价值化’、‘去历史化’、‘去中国化’、

‘去主流化’那一套”[①]。他指出：“凡此种种都警示我们，文艺不能在市场经济大潮中迷失方向，不能在为什么人的问题上发生偏差，否则文艺就没有生命力。”他强调：“低俗不是通俗，欲望不代表希望，单纯感官娱乐不等于精神快乐。”[②]“文艺不能当市场的奴隶，不要沾满了铜臭气。”[③]文艺批评“不能都是表扬甚至庸俗吹捧、阿谀奉承，不能套用西方理论来剪裁中国人的审美，更不能用简单的商业标准取代艺术标准，把文艺作品完全等同于普通商品，信奉‘红包厚度等于评论高度’”[④]。

最后，要求毫不含糊地坚持社会主义的文化自信。党的十八大后，习近平总书记十分重视全党全民族树立自信心的问题。他指出，改革开放后，有些人甚至党内同志，总“认为西方‘普世价值’经过了几百年，为什么不能认同？西方一些政治话语为什么不能借用？接

① 《十八大以来重要文献选编》(中)，中央文献出版社2016年版，第135—136页。

② 《十八大以来重要文献选编》(中)，中央文献出版社2016年版，第124页。

③ 《十八大以来重要文献选编》(中)，中央文献出版社2016年版，第132页。

④ 《十八大以来重要文献选编》(中)，中央文献出版社2016年版，第138页。

受了我们也不会有什么大的损失，为什么非要拧着来？有的人奉西方理论、西方话语为金科玉律，不知不觉成了西方资本主义意识形态的吹鼓手”[①]。对此，习近平总书记明确提出中国特色社会主义道路、制度、理论自信的概念。他指出，中国特色社会主义道路是在改革开放30多年的伟大实践、中华人民共和国60多年的持续探索、是在对近代以来170多年中华民族发展历程的深刻总结，是在对中华民族5000多年悠久文明的传承中走出来的，“具有深厚的历史渊源和广泛的现实基础”[②]。我们创造了伟大的中华文明，也能够继续拓展和走好适合中国国情的发展道路，因此，“要增强对中国特色社会主义的道路自信、理论自信、制度自信”[③]。过了3年，在庆祝中国共产党成立95周年大会讲话中，又在上述三个自信的基础上，提出了“文化自信”的概念，形成

① 《习近平关于“不忘初心、牢记使命”论述摘编》，党建读物出版社、中央文献出版社2019年版，第79页。

② 《十八大以来重要文献选编》（上），中央文献出版社2014年版，第234页。

③ 《十八大以来重要文献选编》（上），中央文献出版社2014年版，第235页。

了“四个自信”的完整表述，为树立民族自信心提供了重要的理论依据，并逐渐融入新时代的日常话语体系。他说：“文化自信，是更基础、更广泛、更深厚的自信。在五千多年文明发展中孕育的中华优秀传统文化，在党和人民伟大斗争中孕育的革命文化和社会主义先进文化，积淀着中华民族最深层的精神追求，代表着中华民族独特的精神标识。”① 此后，在党史学习教育动员大会上，他又明确提出了“历史自信”的概念。他说：“全党要学史明理、学史增信、学史崇德、学史力行，就是为了增加历史自信……教育广大党员、干部和全体人民特别是广大青年坚定历史自信、筑牢历史记忆，满怀信心地向前进。”②

第五，在体制改革上更加突出端正方向、注重实效、全面深化、促进公平。

改革开放以来，有人宣扬“改革无方向论”“政治体制改革滞后论”“公有制效率低论”，鼓吹“应把国有

① 《十八大以来重要文献选编》(下)，中央文献出版社 2018 年版，第 349 页。
② 《习近平谈治国理政》第 4 卷，外文出版社 2022 年版，第 545—546 页。

资产量化到个人”“要把公平放到次要位置”“收入分配要继续扩大”等主张。这些谬论的要害在于，只讲改革开放不讲四项基本原则，把党的基本路线中的“一个中心、两个基本点”相互割裂，试图使改革开放脱离社会主义轨道；只讲初级阶段不讲社会主义，把社会主义初级阶段基本纲领与党的最高纲领相互割裂，试图使初级阶段凝固化、永久化；只讲市场经济不讲宏观调控，把市场经济与社会主义基本制度相互割裂，试图使经济体制改革变成经济制度的根本改变；只讲让一部分人先富起来不讲共同富裕，把公平与效率相互对立，试图使提高效率失去公平正义这个内在要求和出发点、落脚点。

上述谬论在一段时间里很是流行，甚至一定程度上影响到政策的制定。对于这些谬误，习近平总书记在党的十八大后一针见血地指出：“我们的改革开放是有方向、有立场、有原则的。我们当然要高举改革旗帜，但我们的改革是在中国特色社会主义道路上不断前进的改革”。[①]“不能笼统地说中国改革在某个方面滞后。在某些方面、某个时期，快一点、慢一点是有的，但总体上不存在中国改革哪些方面改了，哪些方面没有改。问题的实质是改什么、不改什么，有些不能改的，再过多长时间也是不改。我们不能邯郸学步。世界在发展，社会在进步，不实行改革开放死路一条，搞否定社会主义方向的‘改革开放’也是死路一条。”[②]“改革是社会主义制度自我完善和发展，怎么改、改什么，有我们的政治原则和底线，要有政治定力。”[③]要“牢牢把握改革开放的前进方向。改什么、怎么改必须以是否符合完善和发展中国特色社会主义制度、推进国家治理体系和治理能力现代化的总目标为根本尺度，该改的、能改的我们坚决改，不该改的、不能改的坚决不改。”[④]

为了进一步完善改革，党的十八大后提出了全面

---

① 《习近平关于全面深化改革论述摘编》，中央文献出版社 2014 年版，第 14 页。

② 《习近平关于全面深化改革论述摘编》，中央文献出版社 2014 年版，第 15 页。

③ 《习近平关于全面深化改革论述摘编》，中央文献出版社 2014 年版，第 49 页。

④ 《十九大以来重要文献选编》(上)，中央文献出版社 2019 年版，第 732 页。

深化改革的方针，对前一阶段的改革的目标、重点、方法进行了进一步校准。关于全面深化改革的内涵，习近平总书记是这样论述的："我们全面深化改革，不是因为中国特色社会主义制度不好，而是要使它更好；我们说坚定制度自信，不是要固步自封，而是要不断革除体制机制弊端，让我们的制度成熟而持久。我们不仅要防止落入'中等收入陷阱'，也要防止落入'西化分化陷阱'。"[①] "在全面深化改革进程中，遇到关系复杂、难以权衡的利益问题，要认真想一想群众实际情况究竟怎样？群众到底在期待什么？群众利益如何保障？群众对我们的改革是否满意？"[②] "要把促进社会公平正义、增进人民福祉作为一面镜子，审视我们各方面体制机制和政策规定，哪里有不符合促进社会公平正义的问题，哪里就需要改革；哪个领域哪个环节问题突出，哪个领域哪个环节就是改革的重点。"[③] 他还说："如果不能给老

① 《习近平关于全面深化改革论述摘编》，中央文献出版社 2014 年版，第 22 页。
② 《习近平关于全面深化改革论述摘编》，中央文献出版社 2014 年版，第 41 页。
③ 《习近平关于全面深化改革论述摘编》，中央文献出版社 2014 年版，第 98 页。

百姓带来实实在在的利益，如果不能创造更加公平的社会环境，甚至导致更多不公平，改革就失去意义，也不可能持续。”[①] 针对有人反对在社会主义初级阶段强调共同富裕的论调，他指出：“我们不能做超越阶段的事情，但也不是说在逐步实现共同富裕方面就无所作为，而是要根据现有条件把能做的事情尽量做起来，积小胜为大胜，不断朝着全体人民共同富裕的目标前进。”[②] 对于改革的方法，他强调“对看得还不那么准、又必须取得突破的改革，可以先进行试点，摸着石头过河”[③]。“不能说改革开放初期要摸着石头过河，现在再摸着石头过河就不能提了。我们是一个大国，决不能在根本性问题上出现颠覆性失误。”[④] 所有这些旗帜鲜明的提法，都是过去很少见到的。

第六，在维护国家安全和推进国家统一大业上更加

① 《十八大以来重要文献选编》(上)，中央文献出版社 2014 年版，第 552—553 页。
② 《十八大以来重要文献选编》(下)，中央文献出版社 2018 年版，第 169 页。
③ 《习近平关于全面深化改革论述摘编》，中央文献出版社 2014 年版，第 33 页。
④ 《习近平关于全面深化改革论述摘编》，中央文献出版社 2014 年版，第 34—35 页。

突出底线思维、提出国家安全观。

20 世纪中叶，亚非拉殖民地半殖民地国家掀起民族独立与解放运动的高潮，社会主义与帝国主义两大阵营严重对峙，两个超级大国从南北两面对我发出战争威胁，蒋介石集团也趁我暂时困难蠢蠢欲动。正是根据这个实际，毛泽东对世界大战问题作出“无非是两种可能：一种是战争引起革命，一种是革命制止战争”[①] 的估计，并要求做好“早打、大打、打核战争”的准备。

然而，当世界进入 20 世纪七八十年代后，国际形势发生了明显变化，和平和发展逐渐取代战争和革命，成为时代的突出特点。基于国际形势的以上变化，邓小平在 20 世纪 80 年代中期，作出了和平和发展是当今世界两大问题的新判断。他说：“过去我们的观点一直是战争不可避免，而且迫在眉睫。我们好多的决策，包括一、二、三线的建设布局，‘山、散、洞’的方针在内，都是从这个观点出发的。这几年我们仔细地观察了形

① 转引自《毛泽东年谱（1949—1976）》第 6 卷，中央文献出版社 2013 年版，第 240 页。

势，认为……在较长时间内不发生大规模的世界大战是有可能的，维护世界和平是有希望的。根据对世界大势的这些分析，以及对我们周围环境的分析，我们改变了原来认为战争的危险很迫近的看法。”[①] 正是根据这一判断，党中央把和平和发展概括为时代的两大主题、两大课题和主要特征。

进入21世纪后，国际形势发生了许多具有新的历史特点的变化，人类面临新的挑战，由此引起以习近平同志为核心的党中央的高度警觉，一方面，肯定和平与发展仍然是时代主题，世界多极化、经济全球化、国际关系民主化的大方向没有改变，和平发展的大势不可逆转；另一方面，强调世界面临的不稳定性不确定性愈益突出，我国发展面临的各种风险在不断增加甚至集中显露，“来自外部的打压遏制随时可能升级”，“准备经受

---

① 《邓小平文选》第3卷，人民出版社1993年版，第126—127页。

风高浪急甚至惊涛骇浪的重大考验”。[①]；呼吁各国要构建人类命运共同体，相互尊重、平等协商，坚决摒弃冷战思维和强权政治，走对话而不对抗、结伴而不结盟的国与国交往新路；要求把防范风险摆在更加突出的位置，牢固树立和认真贯彻国家总体安全观，“突出抓好政治安全、经济安全、国土安全、社会安全、网络安全等各方面安全工作”[②]，“坚持以全球思维谋篇布局，坚持统筹发展和安全，坚持底线思维，坚持原则性和策略性相统一，把维护国家安全的战略主动权牢牢掌握在自己手中”[③]，“努力开创国家安全新局面”[④]。

在国防和军队建设上，针对前一阶段出现的问题，

---

① 习近平：《高举中国特色社会主义伟大旗帜 为全面建设社会主义现代化国家而团结奋斗——在中国共产党第二十次全国代表大会上的讲话》，载《中国共产党第二十次全国代表大会文件汇编》，人民出版社2022年版，第22页。

② 《习近平主持召开国家安全工作座谈会强调 牢固树立认真贯彻总体国家安全观 开创新形势下国家安全工作新局面》，《人民日报》2017年2月18日。

③ 《习近平主持召开国家安全工作座谈会强调 牢固树立认真贯彻总体国家安全观 开创新形势下国家安全工作新局面》，《人民日报》2017年2月18日。

④ 《习近平主持召开国家安全工作座谈会强调 牢固树立认真贯彻总体国家安全观 开创新形势下国家安全工作新局面》，《人民日报》2017年2月18日。

进行了整肃、改革、创新、优化，开展新中国成立以来最为广泛、最为深刻的国防和军队改革，加强联合作战指挥体系和能力建设，大抓实战化军事训练，纠治“和平积弊”。

在外交工作上，主动提出议题，对中国特色外交作出战略谋划，推动构建人类命运共同体；积极发扬斗争精神，把政治安全放在首位，坚决维护国家核心和重大利益，坚决反对霸权主义和强权政治，有力回击外部势力对我国内政的干涉；越来越多地成为国际组织、国际会议、国际行动的发起者、倡导者、组织者，国际影响力、感召力、塑造力不断提高，日益走近世界舞台的中央。

在坚持“一国两制”和推进祖国统一大业上，根据台独势力与国际反华势力的勾连和香港“反中乱港”分子的暴力破坏活动，提出一系列新的对台对港工作的重要理念和重大政策主张，形成了解决台湾问题总体方略，并制定了《香港特别行政区维护国家安全法》和关于香港特别行政区选举制度的决定，建立了中央人民政府驻香港特区维护国家安全公署，香港也依法设立了维护国家安全委员会，完善了公职人员宣誓制度。这些举措显示了完成祖国统一的坚强决心，解决了香港回归祖国后长期未纳入国家治理体系的问题，对于香港由乱转治、有效落实中央对香港的全面管治权、保障香港长治久安和长期稳定繁荣，具有重大而深远的意义，是1997年香港主权回归之后自治权的真正回归。

第七，在党的自身建设上更加突出全面从严的主基调。

古人说："靡不有初，鲜克有终。"一个人如此，一个政党更是这样。尤其像我们党这样一个大党、老党，长期处于领导国家的核心地位，又面临改革开放的局面，如何经受执政、改革开放、市场经济、外部环境的考验，如何应对精神懈怠、能力不足、脱离群众、消极腐败的危险，如何做到始终"不变质、不变色、不变味"，的确是必须时刻面对的严重问题。这些问题解决不好，不要说无法保持朝气蓬勃，就连领导资格也会丧失。而要解决这个问题，唯一的办法就是不断自我净化、自我完善、自我革新、自我提高。

当年延安整风时，毛泽东就讲过：“有许多党员，在组织上入了党，思想上并没有完全入党，甚至完全没有入党。……我们的队伍，虽然其中的大部分是纯洁的，但是为要领导革命运动更好地发展，更快地完成，就必须从思想上组织上认真地整顿一番。而为要从组织上整顿，首先需要在思想上整顿，需要展开一个无产阶级对非无产阶级的思想斗争。”[①] 他还说：“房子是应该经常打扫的，不打扫就会积满了灰尘；脸是应该经常洗的，不洗也就会灰尘满面。我们同志的思想，我们党的工作，也会沾染灰尘的，也应该打扫和洗涤。‘流水不腐，户枢不蠹’，是说它们在不停的运动中抵抗了微生物或其他生物的侵蚀。”经常地检讨工作，开展批评与自我批评，“正是抵抗各种政治灰尘和政治微生物侵蚀我们同志的思想和我们党的肌体的唯一有效的方法”[②]。这些论述说明，要保持党的先进性、纯洁性，防止党员

① 《毛泽东选集》第 3 卷，人民出版社 1991 年版，第 875 页。

② 《毛泽东选集》第 3 卷，人民出版社 1991 年版，第 1096 页。

思想蜕化、脱离群众，没有别的办法，只有不断开展批评与自我批评，经常进行思想、作风和组织的整顿。

改革开放后，我们党吸取了过去的教训，不再搞疾风暴雨的运动式的整风，但并没有停止作风整顿，而是采用集中教育的方式，仅1983—2008年不到30年时间，就先后开展了整党、“三讲”教育、保持共产党员先进性教育、学习实践科学发展观等四场全党范围的集中教育活动。这些活动不同程度地解决了党员队伍中思想和作风不纯的问题，起到了在复杂环境下警钟长鸣的作用。但由于管党治党不严，仍然有一些组织软弱涣散，形式主义、官僚主义问题突出，奢侈浪费现象严重，消极腐败现象愈演愈烈，甚至出现跑官要官、买官卖官等新中国历史上未曾有过的恶劣情形，引起广大党员和人民群众的强烈不满。

党的十八大以来，习近平总书记指出：“改革开放和发展社会主义市场经济，改变了原有的资源配置方式和组织管理模式，越来越多的单位人变成社会人，各种复杂的人际关系和利益关系对党内生活带来不可低估的影响，引发了种种问题，组织观念薄弱、组织涣散就是其中一个需要严肃对待的问题。”① 他说：“我们当前主要的挑战还是党的领导弱化和组织涣散、纪律松弛。……十八大之前有很多党内的同志和广大人民群众有所担忧，也就是在这里。”② 他强调，当前的主要问题是：“管党治党、执行纪律失之于宽、失之于松、失之于软。”③

为此，党中央自十八大后首先从中央自身立规矩做起，从制定和落实“八项规定”开局破题，陆续出台一系列措施和制度。从那时起直至党的二十大前的 10 年里，在全党或县处级以上干部中连续开展了党的群众路线教育、“三严三实”专题教育、“两学一做”教育实践、“不忘初心、牢记使命”主题教育，以及包括召开民主生活会环节在内的党史学习教育等活动。党的二十大后，全党又开始以县处级以上领导干部为重点，开展学习贯彻

---

① 《十八大以来重要文献选编》(上)，中央文献出版社 2014 年版，第 765 页。

② 《习近平关于严明党的纪律和规矩论述摘编》，中央文献出版社、中国方正出版社 2016 年版，第 9 页。

③ 《习近平关于严明党的纪律和规矩论述摘编》，中央文献出版社、中国方正出版社 2016 年版，第 67 页。

习近平新时代中国特色社会主义思想主题教育。这些教育活动的主题虽然有所不同，但根本目的只有一个，就是保持党的纯洁性和战斗力。

从这些年的实践看，以习近平同志为核心的党中央在抓党的自身建设上，与过去相比最为突出的特点有以下两个：一是以前所未有的力度进行了理想信念教育，二是开展了史无前例的整“四风”和反腐败斗争。正是这些举措，使管党治党“宽松软”的状况得到了根本扭转，消除了党、国家、军队内部存在的严重隐患，风清气正的党内政治生态不断形成和发展，确保党和人民赋予的权力始终用于为人民谋幸福。

从以上治国理政的理念和实践所呈现出的七个方面的变化，可以清楚地看出，把 2012 年党的十八大作为新中国史第五个时期的起点，是有充分根据的，完全符合历史的实际。

（二）把握新中国史的主线

所谓历史主线，是贯穿历史始终的主要脉络。它和历史的阶段性一样，也客观存在于历史之中，不过，需要有人通过研究加以认识和揭示。史学工作者探究历史主线，学习历史的人们了解历史主线，目的都是为了认识历史的来龙去脉，认识其规律，预测其未来。

历史主线是由什么构成的？或者说历史的主要脉络是由什么决定的？对于这个问题，秉持不同历史观的人固然会有不同看法，即使在同一历史观指导下的人，也可能有不同看法。所以，谈论历史主线问题之前，首先应当弄清楚什么是历史主线，给历史主线下一个史学意义的且符合马克思主义历史观的定义。

马克思在《路易·波拿巴的雾月十八日》一文中说过："人们自己创造自己的历史，但是他们并不是随心所欲地创造，并不是在他们自己选定的条件下创造，而是在直接碰到的、既定的、从过去承继下来的条件下创造。"①

恩格斯在《路德维希·费尔巴哈和德国古典哲学的终结》一文中也说："在社会历史领域内进行活动的，

① 《马克思恩格斯选集》第1卷，人民出版社2012年版，第669页。

是具有意识的、经过思虑或凭激情行动的、追求某种目的的人；任何事情的发生都不是没有自觉的意图，没有预期的目的的。”[①]“如果要去探究那些隐藏在——自觉地或不自觉地，而且往往是不自觉地——历史人物的动机背后并且构成历史的真正的最后动力的动力，那么问题涉及的，与其说是个别人物，即使是非常杰出的人物的动机，不如说是使广大群众、使整个整个的民族，并且在每一民族中间又是整个整个阶级行动起来的动机；而且也不是短暂的爆发和转瞬即逝的火光，而是持久的、引起重大历史变迁的行动。”[②]

恩格斯在1890年致布洛赫的信中又说：“历史是这样创造的：最终的结果总是从许多单个的意志的相互冲突中产生出来的……这样就有无数互相交错的力量，有无数个力的平行四边形，而由此就产生出一个总的结果，即历史结果。”[③]

---

① 《马克思恩格斯选集》第4卷，人民出版社2012年版，第253页。

② 《马克思恩格斯选集》第4卷，人民出版社2012年版，第255—256页。

③ 《马克思恩格斯选集》第4卷，人民出版社2012年版，第605页。

把马克思主义经典作家关于历史发展动机的论述归纳一下，大致可以得出以下几个观点：

首先，历史是由人创造的，而人的行动是有目的的。

其次，杰出人物对历史的创造，要受到既定历史条件的制约，也要顺应广大人民群众的动机。

最后，人民群众在阶级社会中是分为不同阶级和利益群体的，因此，动机必然会是多种多样并相互矛盾的。这些动机在经过无数次碰撞和较量后，总会有一些占据上风，从而构成主导历史走势的动因。

把以上观点再归纳一下，可以得出一个结论，即所谓史学意义上的且符合马克思主义历史观的历史主线，是指由构成人口多数的人民群众，在既定历史条件下，对历史变动形成决定性作用的那些动机所导致的贯穿历史始终的发展脉络。换句话说，对历史变动起决定作用的动机及其结果，就是历史的主线。按照这个理解，历史的主线是由人的主观动机与历史的客观条件共同形成的。这里的主观动机既不是哪个个人的，更不是随心所欲的，而是占人口多数的人民群众的，受到既定历史条件制约的。这种动机不会只有一个，因此，历史的主线也不会只有一条。

明确了以上关于历史主线的定义，就会明白探寻和认识历史主线，本质上是探寻和了解历史变动的主要动因，即在既定历史条件下，对历史变动形成决定性作用的人民群众的那些动机。找到了那些动机，也就找到了历史变动的主要动因，即历史的主线。

关于新中国史的主线，学术界提法有很多，但普遍认为只有一条。在这些提法中，有很多是经不住推敲的。例如，认为新中国史的主线是解放和发展生产力。这种提法虽然说出了贯穿新中国史的内在动因，但它适用于许多国家在许多时段的历史，并没有揭示出新中国历史的特殊动因。把它说成新中国史的主线，对人们认识历史重大事件的动因并没有多少帮助。再如，认为新中国史的主线是中国人民在中国共产党领导下进行革命、建设和改革。这种提法虽然指出了新中国史的本质特征，但未能揭示其发展的内在动因，对人们认识历史重大事件的动因也没有多少帮助。与其说它是新中国史的主线，不如说是给新中国史下的一个定义。因此，它也不是我们所说的史学意义的且符合马克思主义历史观的历史主线。

还有一种提法，认为主线是建设和探索中国的社会主义。这种提法反映了贯穿新中国史的内在的和特殊的动因，是其他国家和中国其他时代历史都无法套用的。但如果仅仅把它看成唯一的动因，也会使一些重大历史事件难以解释，一些贯穿新中国历史的活动难以用这一提法概括。所以，这一提法虽然符合史学意义上的和马克思主义历史观的历史主线的定义，但它并不完全。

根据马克思主义经典作家关于历史动因的观点和关于新中国历史的实际情况，我认为，新中国成立后，中国人民在中国共产党领导下创造历史的基本动因，如果用一句话说，就是：在社会主义道路上，建设中国的工业化、现代化，维护中国的国家主权和领土完整。把它看成新中国史的主线，当然是完全可以的。但从历史研究的角度看，这句话实际包括了三个内容，即：第一，建设和探索中国的社会主义；第二，争取早日实现中国的工业化和现代化；第三，维护中国的国家主权、安全和领土完整。这三个内容实际上是新中国发展的三个基本动因，所以，我说新中国史有三条主线。

1. 关于建设和探索中国的社会主义

只要回顾新中国的历史，人们便会看到，无论是新民主主义向社会主义过渡的 7 年，还是社会主义开始全面建设的 22 年，抑或是改革开放的 34 年和新时代至今的 12 年；也无论建设方针正确的时期，还是有所偏差的时期，抑或是错误的、遭受了严重挫折的时期，75 年来的历史主题都是围绕什么是社会主义、怎样建设社会主义的问题展开的，贯穿历史的主线都是建设社会主义社会，探索社会主义道路。

什么是社会主义？人们至今虽然不能说完全清楚，但根据马克思主义经典作家对科学社会主义的阐释，以及在这一理论指导下的百余年来社会主义运动的实践，对它的基本原理和主要原则还是清楚的；特别是随着中国特色社会主义事业的不断推进，这一认识已经变得更加清晰。科学社会主义理论告诉我们，社会主义社会是迈向人类理想社会——共产主义社会的第一阶段。在这一阶段，由于生产力发展水平的限制，还不能消除工农、城乡、脑力劳动与体力劳动的三大差别，还不能做到人的自由而全面的发展，还不能实行“各尽所能、按需分配”的分配方式，而且，“在经济、道德和精神方面都还带着它脱胎出来的那个旧社会的痕迹”。[①] 但它在前进方向上，是以达到共产主义为目标的；在制度设计上，是为实现共产主义做准备的；在价值观上，是以共产主义思想体系为取向的。因此，社会主义阶段虽然不能实行共产主义社会才能实行的政策，但它毕竟属于共产主义的范畴，是与资本主义制度有着根本区别的。其中最大的区别就在于，资本主义是“以资为本”的社会，一切围绕资本的利益、服从资本的需要，即资本至上；而社会主义是“以人为本”的社会，一切围绕人民的利益、服从人民的需要，即人民至上。

关于中国特色社会主义和社会主义的关系，习近平

---

① 《马克思恩格斯选集》第3卷，人民出版社2012年版，第363页。

总书记曾作过十分精辟的阐述。他指出："中国特色社会主义是社会主义而不是其他什么主义。""我们说中国特色社会主义是社会主义，那就是不论怎么改革、怎么开放，我们都始终要坚持中国特色社会主义道路、中国特色社会主义理论体系、中国特色社会主义制度，坚持党的十八大提出的夺取中国特色社会主义新胜利的基本要求。""科学社会主义基本原则不能丢，丢了就不是社会主义。"[①] 这些论述说明，中国特色社会主义根据社会主义初级阶段理论，虽然在某些政策上与社会主义高级阶段有所区别，但在主要原则上，遵循的仍然是科学社会主义的理论；在前进方向上，仍然是以社会主义高级阶段和共产主义为目标；在制度设计上，仍然在为建成社会主义社会做准备；在意识形态上，仍然以马克思主义的思想体系作指导。就是说，中国特色社会主义与社会主义并没有实质上的区别，中国特色社会主义的历史就是社会主义的历史。

---

① 《十八大以来重要文献选编》(上)，中央文献出版社 2014 年，第 109、110 页。

说新中国迄今为止 75 年的历史主线是建设和探索社会主义，可以分别从经济、政治、文化、社会、生态等领域具体地来看。

第一，在经济领域，建成了公有制为主体的生产资料所有制并成长为世界的第二大经济体。

根据科学社会主义理论，区分社会主义和资本主义的根本标志是生产资料所有制的性质。新中国成立前夕和初期，以毛泽东为主要代表的党的第一代领导人考虑到一方面旧中国留下的近代工业还不到国民经济的 10%，一时难于开展以重工业为重点的工业化建设，另一方面中国的民族资产阶级又具有两重性，所以，决定先搞一段时间的新民主主义，即只没收帝国主义和官僚资本主义的财产，将银行、铁路、港口等关系国民经济命脉的企业收归国有，作为国民经济的主体；对民族资产阶级的私营工商业，则允许在国营经济领导下继续发展，利用它们的积极性，为今后大规模工业化建设积累资金、准备条件。但新中国成立仅仅两年，国营工业产值在全国工业总产值中的比重就由 34.2% 上升到 52.8%，尤其又碰上苏联因为中国抗美援朝而承诺全面援助我国以重工业为重点的“一五”计划建设这个千载难逢的历史机遇，所以，毛泽东提议并经党中央决定提前向社会主义过渡，将私营工商业和个体农业改造为全民所有制和集体所有制，并建立高度集中的计划经济体制。

但是，当资本主义工商业改造完成后，党中央发现工商业中的公有制比重过大，计划统得过多，并不适合中国当时的生产力水平，不利于经济的活跃和人民的生活，故提出“三个主体、三个补充”的设想，即在国家、集体经营和按计划生产、销售为主体的情况下，允许个体经营、按市场变化的自由生产和自由市场作为补充。然而，由于那时对生产指标和基本建设速度的过急过高要求，供需矛盾越来越紧张，这一设想不仅一直未能实行，反而促使所有制的公有化程度越来越高，经济计划统得越来越死，国民经济中的重大比例关系越来越不协调。所以，改革开放一开始，首先做的便是调整失衡的国民经济比例，其次是在城市恢复了个体经营，在农村实行了家庭联产承包责任制，在计划经济为主的前提下扩大了市场调节的范围。

随着改革开放的不断深入，市场调节范围越来越大，产生了雇工不受名额限制的私营经济。于是，党和国家从变化了的实际出发，将过去几乎 100% 的公有制和计划经济体制，改为了以公有制为主体、多种所有制经济共同发展的基本经济制度，以及让市场在资源配置中起基础性作用的社会主义市场经济体制，使个体、私营经济逐渐发展壮大。目前，个体、私营企业已逐渐占到全部税收的 50% 以上、国内生产总值的 60% 以上、技术创新的 70% 以上、城镇就业的 80% 以上、企业总数的 90% 以上。在这种情况下，是否还能说公有制占主体？如果公有制不占主体了，还能说中国特色社会主义是社会主义吗？要回答这个问题，必须运用在探索社会主义过程中取得的重要理论成果，即判断某种所有制是否占主体，主要应当看它对经济是否拥有绝对的控制力，而不是看 GDP 和就业人口等所占的比重。

改革开放后，我国的《宪法》进行了多次修订，但第六、七、九、十条始终没有变。其中规定："中华人民共和国的社会主义经济制度的基础是生产资料的社会主义公有制，即全民所有制和劳动群众集体所有制。""国有经济，即社会主义全民所有制经济，是国民经济中的主导力量。国家保障国有经济的巩固和发展。""矿藏、水流、森林、山岭、草原、荒地、滩涂等自然资源，都属于国家所有，即全民所有。""城市的土地属于国家所有。农村和城市郊区的土地，除由法律规定属于国家所有的以外，属于集体所有；宅基地和自留地、自留山，也属于集体所有。"[①]《宪法》是这样规定的，实际也是这样做的。中国自从完成社会主义改造后，凡是土地、矿藏、河流、森林等构成生产要素的自然资源，就都属于国家和集体所有了。改革开放后，虽然大力发展民营经济，但凡是关系国民经济命脉的行业，如金融、运输、电信、能源、铁路、航空、港口、冶金、矿产等，都由国有企业独资或控股经营；凡是重

① 《十二大以来重要文献选编》(上)，人民出版社 1986 年版，第 220—221 页。

大基本建设项目，如铁路、公路、发电站、长途输变电、输油管线的建设，也都由国家作为投资主体；在全社会资产总额中，国有企业仍然占据绝对优势。因此，说我国当前仍然是公有制占主体，是毫无疑义的。私人资本在我国虽然取得了很大发展，并且仍然有很大发展空间，但并没有控制也不可能控制国民经济的命脉，并没有成为也不可能成为所有制的主体。

还要看到，个体、私营经济虽然在满足市场需求、吸收就业人口等方面的作用巨大，但国有企业承担的一些对国家对社会有利而对自己无利可图甚至亏本的重大项目，它们是不愿承担也难以承担的。它们给国家贡献了税收，但国有企业不仅要纳税，还要上缴利润。另外，国家在依法保护个体、私营经济合法权利和利益的同时，也在加强对它们的引导、监督和管理。面对少数人搞官商勾结、中饱私囊，以及一些领域的资本在扩张中偏离国家政策目标和基本价值标准、肆意提升竞争门槛、操纵市场、牟取暴利等问题，以习近平同志为核心的党中央提出要防止资本野蛮生长和无序扩张，有效控制资本逐利性的消极作用，“既不让资本大鳄恣意妄为，又要发挥资本作为生产要素的功能”[1]；同时，旗帜鲜明地支持国有资本和国有企业做强做优做大，增强国有经济的竞争力、创新力、控制力、影响力、抗风险力。他强调，国有企业是“保障人民共同利益的重要力量”[2]，“是我国各族人民共享发展成果的制度保证”[3]，要不断加大对国有资产的监管力度，提高国有资本上缴公共财政的比例，严格规范国有企业管理人员薪酬水平和职务消费，依法堵塞国有资产流失的各种漏洞。为了进一步维护农村集体所有制，全国人大常委会还制定了《农村集体经济组织法》，明确农村集体经济是“巩固社会主义公有制、促进共同富裕的重要主体”，“是巩固党在农村

---

① 习近平：《正确认识和把握我国发展重大理论和实践问题》，《求是》2022年第10期。

② 《习近平关于社会主义经济建设的论述摘编》，中央文献出版社2017年版，第54页。

③ 《习近平关于社会主义经济建设的论述摘编》，中央文献出版社2017年版，第63页。

执政根基的重要保障”。[1]

根据马克思主义政治经济学原理，所有制决定分配制度。由于中国特色社会主义实行以公有制为主体、多种所有制经济共同发展的所有制制度，所以，分配上也实行了以按劳分配为主体、多种分配方式并存的制度。改革开放初期，为了促进经济发展，还实行了一部分地区、一部分人先富起来的政策，产生了积极效果。但与此同时，城乡、区域、群体的收入差距也出现了扩大的趋势。对此，邓小平早在20世纪90年代就说过：“中国发展到一定程度后，一定要考虑分配问题。也就是说，要考虑落后地区和发达地区的差距问题。不同地区总会有一定的差距。这种差距太小不行，太大也不行。如果仅仅是少数人富有，那就会落到资本主义去了。”[2]党的十八大后，以习近平同志为核心的党中央以确保2020年全面建成小康社会为契机，在全国开展了一场

---

① 《人民日报》2024年7月3日。

② 《邓小平年谱（1975—1997）》（下），中央文献出版社2004年版，第1356—1357页。

人类历史上最大规模的脱贫攻坚战，使近一亿农村贫困人口（按当年标准）全部脱贫。紧接着，实施了乡村振兴战略，进行农村集体土地“三权分置”改革和农村集体产权制度改革，促进农民专业合作社规范运动，以进一步增加农民收入。在缩小区域发展方面，除了继续推动西部大开发形成新格局、东北振兴取得新突破、中部崛起速度加快、东部率先实现高质量发展外，又大力加强了对革命老区、民族地区、边疆地区、贫困地区发展的支持力度。

习近平总书记反复强调：“全面深化改革必须以促进社会公平正义、增进人民福祉为出发点和落脚点。这是坚持我们党全心全意为人民服务根本宗旨的必然要求……如果不能给老百姓带来实实在在的利益，如果不能创造更加公平的社会环境，甚至导致更多不公平，改革就失去意义，也不可能持续。”[①] 他强调：“我们的改革

---

① 《十八大以来重要文献选编》（上），中央文献出版社 2014 年版，第 552—553 页。

是有方向、有立场、有原则的。”[①]“该改的、能改的我们坚决改，不能改的坚决不改。”[②]要“把以人民为中心的发展思想体现在经济社会发展各个环节，做到老百姓关心什么、期盼什么，改革就要抓住什么、推进什么，通过改革给人民群众带来更多获得感”[③]。他指出：“我们必须坚持发展为了人民、发展依靠人民、发展成果由人民共享，作出更有效的制度安排，使全体人民朝着共同富裕方向稳步前进，绝不能出现‘富者累巨万，而贫者食糟糠’的现象。”[④]

2024 年 7 月，党的二十届三中全会作出《中共中央关于进一步全面深化改革，推进中国式现代化的决定》（以下简称《决定》），提出要“总结和运用改革开放以来特别是新时代全面深化改革的宝贵经验”[⑤]，进一

① 《习近平关于全面深化改革论述摘编》，中央文献出版社 2014 年版，第 14 页。

② 《习近平谈治国理政》第 3 卷，外文出版社 2020 年版，第 184 页。

③ 《习近平谈治国理政》第 2 卷，外文出版社 2017 年版，第 103 页。

④ 《十八大以来重要文献选编》（中），中央文献出版社 2016 年版，第 827 页。

⑤ 本文对《中共中央关于进一步全面深化改革，推进中国式现代化的决定》引文，均引自《人民日报》2024 年 7 月 22 日。

步贯彻全面深化改革的原则，这些原则包括：坚持党的全面领导，确保改革始终沿着正确政治方向前进；坚持以人民为中心，人民有所呼、改革有所应，做到改革为了人民、改革依靠人民、改革成果由人民共享；坚持守正创新，坚持中国特色社会主义不动摇。《决定》在阐明进一步全面深化改革的指导思想时，强调要以促进社会公平正义、增进人民福祉为出发点和落脚点；在阐明进一步全面深化改革的总目标时，强调要聚焦提高人民生活品质，完善收入分配和就业制度，健全社会保障体系，推动全体人民共同富裕取得更为明显的实质性进展。归纳起来，就是改革必须坚持以人民为中心的原则，进一步坚定改革的正确政治方向不动摇，进一步明确改革的出发点和落脚点不走样，进一步聚焦改革的着重点不偏离。

毛泽东在为 1954 年《宪法》草案作说明时提到，实行社会主义全民所有制，这是宪法中的社会主义原则性，“要达到这个原则就要结合灵活性”[1]。可见，社会主义既要有原则性，也要有灵活性，所谓灵活性，就是把原则性与具体情况相结合。75 年来，新中国正是按照这一经验，把社会主义的原则与国内国际形势的变化相结合，不断调整社会主义所有制体制和经济体制，使它最大限度地适应生产力发展的水平和需要，不仅走完了西方发达国家用几百年才走完的工业化历程，而且，在许多方面都超过了西方发达国家。

第二，在政治领域，建立了社会主义的基本政治制度并不断加以完善和法制化。

改革开放前，新中国在政治领域取得的最大成果，就是建立了工人阶级领导的、工农联盟为基础的人民民主专政的国家政权，制定了社会主义的《宪法》，建立了人民代表大会的根本政治制度，以及中国共产党领导的多党合作和政治协商、民族区域自治、基层群众自治等基本的和重要的政治制度。

---

① 《毛泽东文集》第 6 卷，人民出版社 1999 年版，第 327 页。

改革开放后，新中国在改革开放前已有成就和经验教训的基础上，成功走出了一条中国特色社会主义政治发展道路，取得了一系列更加重大的成就和更加成熟的经验。

例如，进行了政治领域的拨乱反正，否定了违背实事求是原则的“两个凡是”的方针，平反了“文化大革命”中间及“文化大革命”之前历次政治运动中的冤假错案，停止使用了不适合社会主义社会的“以阶级斗争为纲”的口号，恢复了党的八大作出的国内主要矛盾的判断，同时，对新中国成立以来党的重大历史问题进行了总结、作出了评价，确立了毛泽东的历史地位，提出了社会主义初级阶段的理论，制定了党的以经济建设为中心、坚持社会主义道路、无产阶级专政、共产党的领导、马列主义和毛泽东思想的四项基本原则和坚持改革开放的基本路线。

再如，进行了政治体制和行政体制的改革，改变了权力过分集中的现象，解决了党政不分、以党代政的问题，实行了集体领导和个人分工负责相结合的制度，废除了干部领导职务的终身制，建立了新老领导干部交接班的制度，将企事业单位党委领导下的行政首长负责制改为行政首长负责制，规定全国人大常委会和国务院领导不能交叉任职，并对国务院和各级政府进行了行政管理体制和机构改革，解决政企不分、机构庞杂、人员臃肿、效率低下等问题。

再如，开展了法制建设，提出不能以党代政、以党代法，把依法治国确定为党和政府管理国家和社会事务的重要方针和党领导人民治理国家的基本方略，使国家各项工作逐步走上法制化轨道，建设社会主义法治国家；制定并颁布了既体现社会主义和人民民主原则，又体现民族团结和国家统一、改革开放和实事求是、一切从实际出发精神的1982年宪法，并在1988年、1993年、1999年、2004年进行了四次修订。同时，抓紧立法工作，制定了一系列重要法律，初步形成了中国特色社会主义法律体系；改革司法制度，完善政法队伍管理体制，重建和壮大律师队伍。

党的十八大以来，党中央作出了协调推进“四个全面”的战略布局，并在党的十八届三中全会上通过了《关于全面深化改革若干重大问题的决定》。这个决定与以往关于改革的决定有所不同，不仅包括经济领域，也包括政治、文化、社会、生态文明和党的建设等领域。习近平总书记在全会的讲话中说：“怎样治理社会主义社会这样全新的社会，在以往的世界社会主义中没有解决得很好。马克思、恩格斯没有遇到全面治理一个社会主义国家的实践，他们关于未来社会的原理很多是预测性的；列宁在俄国十月革命后不久就过世了，没来得及深入探索这个问题；苏联在这个问题上进行了探索，取得了一些实践经验，但也犯下了严重错误，没有解决这个问题。我们党在全国执政以后，不断探索这个问题，虽然也发生了严重曲折，但在国家治理体系和治理能力上积累了丰富经验、取得了重大成果，改革开放以来的进展尤为显著。我国政治稳定、经济发展、社会和谐、民族团结，同世界上一些地区和国家不断出现乱局形成了鲜明对照。这说明，我们的国家治理体系和治理能力总体上是好的，是适应我国国情和发展要求的。同时，我们也要看到……我们在国家治理体系和治理能力方面还有许多不足，有许多亟待改进的地方。……我们要更好发挥中国特色社会主义制度的优越性，必须从各个领域推进国家治理体系和治理能力现代化。”[①] 根据这一指导思想，决定就加强社会主义民主政治制度建设、推进法治中国建设、强化运行制约和监督体系等方面的改革，作出了一系列具体规定。

中国共产党在新中国是领导社会主义事业的核心政治力量，因此，党的自身建设，以及对党在执政条件下保持革命性、先进性、纯洁性的探索，也是社会主义政治建设与探索的重要组成部分。改革开放之初，我们党就成立了中央纪律委员会，着手党的制度建设，先后制定了《关于党内政治生活的若干准则》《中国共产党纪律处分决定》等文件，建立了党政机关县处级以上领导干部收入申报制度、党和国家机关工作人员在国内公务活动中收受礼品登记制度和选派部级干部到地方和部门

① 《十八大以来重要文献选编》(上)，中央文献出版社 2014 年版，第 548 页。

巡视的制度，采取了党的纪律检查机关和政府行政监督部门合署办公、在检察院设立反贪污贿赂机构的措施；先后开展了包括1983年整党、1989年做合格共产党员的教育和部分党员中进行党员重新登记的工作，1998年以“讲学习、讲政治、讲正气”为主要内容的党性党风教育，2005年以实践“三个代表”重要思想为主要内容的保持共产党员先进性教育在内的集中教育活动；同时，严厉打击了涉及党员的经济犯罪，加大了反腐败斗争力度，逐步确立了领导干部廉洁自律、查办违法违纪案件、纠正部门和行业不正之风的反腐败格局，形成了党委统一领导、党政齐抓共管、纪委组织协调、部门各负其责、依靠群众支持和参与的体制机制。

进入新时代，面对过去一个时期“一手比较硬，一手比较软”，[①] 管党治党一度“宽松软”，党内消极腐败现象蔓延，党群干群关系受到损害，党的创造力、凝聚力、战斗力受到削弱，党的领导被弱化、虚化、淡化、

① 《邓小平文选》第3卷，人民出版社1993年版，第306页。

边缘化，有些党员、干部政治信仰出现严重危机，一些地方和部门选人用人风气不正，形式主义、官僚主义、享乐主义和奢靡之风盛行[①]等问题，党中央进一步采取了一系列应对措施。其中包括：进一步明确政治建设的指导思想，建立和健全中国共产党对重大工作的领导体制机制，推进民主理论的创新，推动总体国家安全观指导下的政治安全建设，推动全面从严治党战略下的党建，使党风党纪都有了较大改变。

我们党过去产生过、今后也会产生少数腐败分子，制度和政策有时也会出现这样或那样一些不够完善的地方。但我们党的无产阶级政党性质和党的纪律，决定和规定了党和国家政策的制定者和决策的参与者，都不能办私人企业，不能拥有私人资本。因此，我们党治国理政的取向，政策、决策的出发点，都只能是以人民为中心，为人民的根本利益和长远利益考虑。而在资本主义国家，商品交换的原则可以合法进入政治领域，政府、

① 《十九大以来重要文献选编》（下），中央文献出版社 2023 年版，第 505、506、507 页。

政党、政客可以公开代表私人资本的利益，政党竞选可以接受私人资本资助，也允许私人资本用金钱雇人游说议员，官商之间相互勾结、利益输送完全正当。因此，资本主义制度决定了政府的政策必然向资本倾斜，为了资本利益最大化，可以合法地损害民众利益、牺牲精神文明、破坏生态环境，可以合法地官商勾结，合法地腐败。

第三，在文化领域，建立了以马克思主义为指导的社会主义先进文化并取得了丰硕成果。

新中国成立前夕由全国政协一届一次会议通过的《中国人民政治协商会议共同纲领》（以下简称《共同纲领》）明确规定，新中国文化是新民主主义的，“即民族的、科学的、大众的文化教育”，应当“肃清封建的、买办的、法西斯主义的思想，发展为人民服务的思想”。[①] 新中国成立后，特别是进入社会主义社会后，始终高度重视新文化建设和马克思主义在意识形态领域占

① 《建国以来重要文献选编》第 1 册，中央文献出版社 1992 年版，第 11 页。

据指导地位，并提出“百花齐放、百家争鸣”和“古为今用、洋为中用”的方针，对旧文化进行改革，为建设新文化提供制度和组织保障。例如，为了用马克思主义教育干部群众，陆续出版发行了马克思、恩格斯和列宁的著作，以及《毛泽东选集》一至四卷；大力普及马克思主义的基本知识，进行共产主义世界观、人生观教育，组织学习劳动创造世界、人民群众创造历史、国家的阶级性质等历史唯物主义的基本观点；树立了雷锋、王进喜、焦裕禄、大庆、红旗渠等一批体现社会主义价值观的先进典型，产生了以《辩证唯物主义和历史唯物主义》《中国通史》等为代表的学术著作，涌现出一批以小说《红岩》、电影《红色娘子军》、京剧《红灯剧》、话剧《霓虹灯下的哨兵》、歌剧《洪湖赤卫队》、大型音乐舞蹈史诗《东方红》等优秀作品为代表的文艺创作成果。

为了帮助从旧社会过来的知识分子提高政治觉悟、适应和服务新社会，新中国成立初期开展了知识分子思想改造运动，推动知识分子的自我教育，逐步树立为人民服务和人人平等的无产阶级思想。为了肃清帝国主义、封建主义和各种资产阶级思想，抓住一些典型事例，对实用主义哲学、庸俗进化论、改良主义社会学、历史唯心论、民族自卑和民族虚无主义观点、崇美恐美思想开展了批判。后来在批判中也逐渐出现“左”的偏差，混淆了思想与行动、是非与敌我的界限，直至发展到把学术和文艺作品与现实政治斗争直接挂钩，并由此引出“文化大革命”，使社会主义事业遭受严重挫折。

改革开放后，推翻了“四人帮”污蔑新中国成立后 17 年的所谓“文艺黑线专政论”；在肯定文艺不能脱离政治，文艺工作者不能不考虑作品的社会影响、人民和国家利益的前提下，用文艺为人民服务、为社会主义服务的提法取代了以前文艺为工农兵服务、为无产阶级政治服务的方针；强调对文艺工作者的创作不要横加干涉，要改善文艺发展的环境。“文革”时期倍受冲击的教育和社会科学、新闻、出版等意识形态领域，在否定“两个估计”（即“文革”前 17 年科技教育战线执行的是“修正主义路线”，知识分子的大多数世界观基本上是资产阶级的，是“资产阶级知识分子”）的错误结论和“尊重知识、尊重人才”的正确方针下，呈现出大发展大繁荣的局面。

在解放思想、破除“左”的思想束缚，以及对外开放的过程中，文化和意识形态领域也曾出现一些新问题。例如，有人曲解解放思想的方针，否定党的领导、社会主义制度、毛泽东和毛泽东思想；有人认为人都是自私的，人生没有意义；有人创作宣传“不爱社会主义不等于不爱国”的电影；有人宣扬马克思主义是人道主义，社会主义也有“异化”的观点；有人鼓吹抽象民主，主张反革命言论也应当有发表自由；有人把党性和人民性对立起来，主张党报不能只是党的喉舌，也要当人民的喉舌。还有人鼓吹西方的所谓“现代派”思想，宣扬文学艺术的最高目的是“表现自我”。另外，“一切向钱看”的歪风也在文艺界传播开来，不少人用庸俗低级的内容和形式捞钱，把精神产品商品化。在向资本主义发达国家学习先进科学技术、经营管理方法及有益的知识、文化的同时，不分析、不鉴别，盲目推崇和引进西方的学术文化，以至一些连西方国家也认为低级庸俗或有害的书籍、电影、音乐、舞蹈及录像、录音也被大量输入。面对这些情况，邓小平鲜明提出要坚持“四项基本原则”，反对搞资产阶级自由化，思想战线不能搞精神污染，在抓物质文明的同时也要抓社会主义精神文明建设，精神文明的根本任务是培养有理想、有道德、有文化、有纪律的社会主义新人，要努力提高整个中华民族的思想道德素质和科学文化素质。

改革开放后，随着经济体制改革的深入，文化体制改革也逐渐起步，除了图书馆、博物馆等不带商品属性的文化服务单位，以及需要国家财政资助的有特殊艺术价值的艺术表演团体外，其他文化单位基本进入市场，纳入第三产业，实行自负盈亏。另外，还出现了个体经营的租书摊、台球室、游戏机室、旱冰场、影视录像放映厅、舞厅等。在社会结构深刻变动、利益格局深刻调整、思想观念深刻变化的情况下，文化领域乃至整个社会也不可避免地会出现媚俗庸俗和道德失范、丑恶现象沉渣泛起的问题，以及一些青年学生信仰迷茫、价值观扭曲的现象。针对这些情况，党中央提出要建构以马克思主义为指导、以中国特色社会主义共同理想、爱国主义为核心的民族精神，以改革创新为核心的时代精神，以社会主义荣辱观为基本内容的社会主义核心价值体系，并在党的十八大上提出二十四字的社会主义核心价值观。国家有关部门在承认文化市场的同时，针对黄赌毒和偷税漏税等问题，也出台了一系列管理办法和规定。

新时代以来，在对社会主义的文化建设和探索上，一方面，接续改革开放前后两个历史时期已有的成绩，另一方面，纠正探索中的偏差，采取了一系列新举措，进行了具有许多新的历史特点的建设和探索。其中包括：把马克思主义在意识形态领域的指导地位提高到了新的高度，把坚持党性、敢抓敢管、打好主动仗作为意识形态工作的方针，把培育和践行社会主义核心价值观提高到文化强国建设的战略高度，把社会效益更加突出地放在推进文化产业发展的首位，把增强中国特色社会主义文化自信作为加强国际传播能力建设的基础工作。

党的十八大以来，我们党针对长期以来“国际舆论格局是西强我弱，西方主要媒体左右着世界舆论，我们往往有理说不出，或者说了传不开”[①]的局面，强调必须加强国际传播能力建设，构建对外话语体系，发挥新兴媒体作用，增强对外话语权的创造力、感召力、公信力，讲好中国故事，传播好中国声音，尤其要增强中国特色社会主义的文化自信。正如习近平总书记所说：“我们国家发展成就那么大、发展势头那么好，我们国家在世界上做了那么多好事，这是做好国际舆论引导工作的最大本钱。我们有本事做好中国的事情，还没有本事讲好中国的故事？我们应该有这个信心！”[②]他指出：“文化自信是更基本、更深沉、更持久的力量。”[③]“文化自

① 习近平：《习近平关于社会主义文化建设论述摘编》，中央文献出版社 2017 年版，第 197 页。

② 习近平：《习近平关于社会主义文化建设论述摘编》，中央文献出版社 2017 年版，第 209 页。

③《党的十八大以来重要文献选编》（下），中央文献出版社 2018 年版，第 323 页。

信，是更基础、更广泛、更深厚的自信。”[①]它“源自于中华民族五千多年文明历史所孕育的中华优秀传统文化，熔铸于党领导人民在革命、建设、改革中创造的革命文化和社会主义先进文化，植根于中国特色社会主义伟大实践”[②]。还源自中国特色社会主义的道路是成功的，理论是科学的，制度是优越的。总之，它是对中国特色社会主义道路、理论、制度的心理认同，是国家文化软实力建设的底气。

第四，在社会领域，建立了社会主义的社会治理和保障体系，并初步形成共建共治共享格局。

作为共产主义第一阶段的社会主义的社会，马克思、恩格斯生前并未亲身经历过，列宁也只是短暂经历了第一个社会主义国家的最初几年。因此，他们更多的是根据历史唯物主义和科学社会主义的基本理论，从社

---

① 《党的十八大以来重要文献选编》（下），中央文献出版社 2018 年版，第 349 页。

② 《党的十九大以来重要文献选编》（上），中央文献出版社 2019 年版，第 29 页。

会主义将消灭生产资料私有制和人剥削人的现象出发，推导和原则性地论述过在那个社会里，人与人、民族与民族的政治关系和人格是平等的，脑力与体力、工业与农业、城市与乡村的差别是逐渐缩小的，消费品是按劳分配的，就业是充分的，资本主义的社会风气、传统习惯是被逐渐克服的，妇女与男子的社会地位是一样的，婚姻是实行一夫一妻制的，宗教信仰是自由的，生态是受到保护的，等等。新中国成立后，我们党一方面按照马克思主义经典作家对社会主义社会的一般描述，另一方面参照苏联建设社会主义的实践和自己在革命根据地、抗日根据地、解放区治理社会的经验，对中国社会进行了彻底改造。

新中国成立后，在对社会主义的社会建设和探索过程中，大体有过以下三种情况。第一，始终沿着正确方向一以贯之。例如，妇女解放和社会地位的提高，社会救济与扶贫，扫黑除恶，保护人民生命财产安全。第二,一度出现曲折后又回到了正确道路上。例如，医疗卫生工作，教育事业，民族与宗教工作。第三，针对新情况、新问题采取了新措施。例如，改变基层治理方式，做好新阶层工作，解决社保、住房和食品、药品安全问题。

经过20多年的改革开放，社会保障、住房、医疗、食品和药品安全等社会问题，在21世纪初逐步暴露出来。围绕这些问题的社会矛盾越来越尖锐，群众诉求也越来越强烈。为此，党中央及时提出构建社会主义和谐社会的任务，把社会建设摆到与经济、政治、文化建设同等重要的位置，要求以解决人民群众最关心、最直接、最现实的利益问题为重点，着力发展社会事业、促进社会公平正义、完善社会管理，推动社会建设与经济、政治、文化建设协调发展，强调既要从“大社会”着眼，也要从“小社会”着手。在社会保障方面，除了城镇居民基本医疗报销制度和新型农村合作医疗制度外，还开始建立企业职工基本养老保险省级统筹制度、新型农村社会养老保险制度，并将农民工纳入城镇职工基本养老保险体系之内。在社会救助方面，针对农村取消了农业税及附加后的新情况，将“五保”供养经费的渠道由村集体调整为上级财政转移支付；同时，进一步建立和完善了灾害救助、临时救助、流浪乞讨人员救助的制度，形成覆盖城乡的社会救助制度体系。

进入新时代，社会保障体系作为民生政策的基础工程受到前所未有的重视。党中央把完善以社会保障等为主要手段的再分配机制、发展各项社会事业、维护社会公平正义，作为中国共产党坚持全心全意为人民服务根本宗旨和以人民为中心发展思想、把人民放在心中最高位置、顺应人民群众对美好生活向往的具体体现。习近平总书记指出："在我国现有发展水平上，社会上还存在大量有违公平正义的现象。"[①] 他说，人民关心的问题"是食品安不安全、暖气热不热、雾霾能不能少一点、河湖能不能清一点、垃圾焚烧能不能不有损健康、养老服务顺不顺心、能不能租得起或买得起住房，等等。相对于增长速度高一点还是低一点，这些问题更受人民群众关注。如果只实现了增长目标，而解决好人民群众普

---

① 《十八大以来重要文献选编》(上)，中央文献出版社 2014 年版，第 552 页。

遍关心的突出问题没有进展，即使到时候我们宣布全面建成了小康社会，人民群众也不会认同”①。另外，他对社会保障工作和民生政策提出了一个重要原则，即“社会政策要托底，就是要守住民生底线”②。“多做雪中送炭的工作，少做锦上添花的事情，一切从社会主义初级阶段这个基本国情出发。”③他站在不同社会制度相比较的高度，对各种类型国家在社会政策上的不同做法作了分析，指出：“西方国家实行多党制，各政党代表不同利益集团，在社会政策上难以形成共识，为了选票什么都可以承诺，最后往往是一纸空文。我们是中国共产党领导和社会主义国家，党和国家就是为人民谋利益的，应该更好统一认识，在社会政策上把握好基调。”④

---

① 《习近平关于社会主义社会建设论述摘编》，中央文献出版社 2017 年版，第 19 页。

② 《习近平关于社会主义社会建设论述摘编》，中央文献出版社 2017 年版，第 90 页。

③ 《习近平关于社会主义社会建设论述摘编》，中央文献出版社 2017 年版，第 79 页。

④ 《习近平关于社会主义社会建设论述摘编》，中央文献出版社 2017 年版，第 90 页。

第五，在生态领域，注意保护资源、环境，推进绿色发展并初步形成社会主义的生态文明系统。

如何对待人与自然的关系，是社会主义区别于资本主义的又一个重要方面。资本主义生产资料私人占有制决定了它必然为了追逐利润的最大化而不合理地开发利用自然资源，不顾及环境的污染；同时，必然会为了延缓周期性的经济危机而提倡消费主义、享乐主义，刺激社会“过度消费”，从而造成自然资源更严重的浪费，生态系统的进一步失衡。随着科技的发展和人民群众的觉醒，先行现代化的资本主义发达国家开始注意保护本国的资源和环境，但随着经济全球化的发展，把资源与生态危机向不发达国家转移，不仅大肆掠夺那里的资源，而且向其转移高污染高耗能企业，倾倒各种有毒垃圾，把污染扩大到了整个地球。

新中国成立初期，大规模工业化建设刚刚开始，工业污染的问题还不显著，但党中央面对中国自然禀赋不足、灾害频发等问题，从保护人民利益出发，还是十分重视资源节约和环境保护的。例如，毛泽东就号召勤俭建国，节约办一切事业；强调要针对水患灾害根治淮河、海河、黄河，要注意水土保持，并大力提倡植树造林，绿化祖国；要求“在一切可能的地方，均要按规格种起树来，实行绿化”。[1]

进入20世纪70年代，鉴于大规模工业化基础建设中建立的工厂陆续投产，工业污染问题日益显现，党中央、国务院开始从防止污染的角度重视环境保护工作。1972年，中国政府派出代表团出席联合国第一次环境会议，周恩来总理指示要利用这个机会，了解世界环境状况和各国环境问题对经济、社会发展的重大影响。翌年，国务院召开了第一次环境保护会议，确定了第一个环境保护工作方针，即“全面规划，合理布局，综合利用，化害为利，依靠群众，大家动手，保护环境，造福人民”；通过了第一个环境保护的法规性文件，明确规定工业要合理布局，在城镇上风向和水源上游、城市居民稠密区内不准设立有害环境的工厂，已经设立的要改

① 《毛泽东文集》第6卷，人民出版社1999年版，第509页。

造，少数危害严重的要迁移，逐步完成城市排水系统和污水处理设施建设，及时处理工业废渣、废水、废气，减少噪音，加强对土壤、植物的保护和对水域、海域的管理，开展环境监测，并且制定了工业“三废”（废渣、废水、废气）排放标准，提出了防治污染措施必须与主体工程同时设计、同时施工、同时投产的原则，从而结束了治理污染无章可循的历史。[①]

改革开放后，在经济建设重新成为党的工作重点的同时，资源与环境保护工作也受到党中央、国务院的进一步重视。1979 年 6 月，时任国务院财经委员会主任的陈云致信财经委副主任李先念和秘书长姚依林，提出经济建设要尽早注意水资源问题和工业污染问题，要求“今后办厂必须把处理污染问题放在设计的首要位置，真正做到防害于先”[②]。1982 年，国家将保护和改善生活环境和生态环境，防治污染和其他公害，保障自然

---

① 《中华人民共和国简史》，人民出版社、当代中国出版社 2021 年版，第 122 页。

② 《陈云文选》第 3 卷，人民出版社 1995 年版，第 263 页。

资源的合理利用，保护珍贵的动植物，禁止任何组织和个人用任何手段侵占或破坏自然资源等内容，写入了宪法。在 1983 年召开的第二次全国环境保护会议上，环境保护被确定为基本国策。在 1989 年召开的第三次全国环境保护会议上，通过了长期的环境保护规划纲要，提出谁污染谁防治、排污要收费等原则，制定了城市环境综合整治定量考核、环境保护目标责任、排污申报登记和排污许可证等制度。与此同时，全国人大和国务院先后颁布了《海洋环境保护法》《水污染防治法》《大气污染防治法》《环境保护法》和《城市区域环境噪声标准》等法律、法规。此后，国务院又针对乡镇企业在造纸、电镀、纺织印染、生产建材和化工原料、土法炼硫和炼焦等过程中造成的大量工业废渣、废气、废水对环境的严重污染，发出《关于进一步加强环境保护工作的决定》，指出防治环境污染和生态破坏已成为十分紧迫的任务，要求严格执行环境保护法律法规、积极参与解决全球环境问题的国际合作，实行环境保护目标责任制，使问题逐步得到缓解。

进入新时代，生态文明建设受到高度重视。习近平总书记从坚持以人民为中心的发展思想出发，强调生态环境特别是大气、水、土壤污染严重已成为全面建成小康社会的突出短板，要满足人民群众对优美生态环境的需要，就要扭转环境恶化、提高环境质量。他指出："近代以来，西方国家的现代化大都经历了对自然资源肆意掠夺和生态环境恶性破坏的阶段，在创造巨大物质财富的同时，往往造成环境污染、资源枯竭等严重问题。我国人均能源资源禀赋严重不足，加快发展面临更多的能源资源和环境约束，这决定了我国不可能走西方现代化的老路。"[①] 他强调："无止境地向自然索取甚至破坏自然必然会遭到大自然的报复。我们坚持可持续发展，坚持节约优先、保护优先、自然恢复为主的方针，像保护眼睛一样保护自然和生态环境，坚定不移走生产发展、生活富裕、生态良好的文明发展道路，实现中华民族永

① 习近平：《中国式现代化是强国建设、民族复兴的康庄大道》，《求是》2023 年第 16 期。

续发展。”[①]正是基于这些考虑，党的十八大以来，“生态文明建设”被作为“五位一体”总体布局中的一位，“绿色”被作为五大新发展理念中的一个理念，“坚持人与自然和谐共生”被作为中国式现代化五个中国特色中的一个特色，“污染防治”被作为全面建成小康社会决胜期三大攻坚战中的一战，“美丽”被作为21世纪中叶建成社会主义现代化强国的五个前置词之一。

依据习近平总书记关于“人与自然是生命共同体”“保护生态环境就是保护生产力”“绿水青山就是金山银山”“良好生态环境是最公平的公共产品”“生态文明是人类文明发展的历史趋势”的生态文明思想，党和国家把生态文明建设放在了更加突出的位置，写入《党章》和《宪法》，并组建了把污染防治与生态保护职责相统一的生态环境部；国务院出台了《生态文明体制改革总体方案》，实施了主体功能区规划，健全了自然资源资产产权制度，构建了国土空间开发保护制度，完善

---

① 《中国共产党第二十次全国代表大会文件汇编》，人民出版社2022年版，第19页。

了生态环境保护标准和生态环境监管制度，以及生态环境保护的法律制度，搭建了生态文明制度体系的基本框架，加大了生态保护与修复力度，并强化各类自然保护区建设，积极应对外来物种的入侵，全面禁止洋垃圾入境，全方位做好生态环境的治理和督查，推进生产和生活方式向绿色转型。为了响应联合国关于限制温室气体排放的协议，国家主席习近平在出席联合国七十五届大会时宣布，中国将采取更加有力的政策和措施，力争于2030年前达到二氧化碳排放峰值，2060年前实现碳中和，[①] 充分彰显了中国作为世界上最大发展中国家的责任担当。

经过接续不断的生态环境治理，尤其2015年开始的污染防治攻坚战，全国生态环境在原有基础上有进一步改观。到2020年，通过污染防治攻坚战中的蓝天保卫战、碧水保卫战、净土保卫战，地级及其以上城市空气质量优良天数比率达到80%以上，地表水和重要

① 《习近平谈治国理政》第4卷，外文出版社2022年版，第482页。

江河湖泊水功能区的水质达标率分别大于70%和80%，受污染耕地安全利用率达到90%左右；森林覆盖率由1950年的8.6%，提高到1978年的14%、2012年的21%，继而达到2023年的24%。另外，成功打造了国家公园的典范——三江源，长江、黄河、澜沧江源头的水质均保持在Ⅰ-Ⅱ级，生态保护红线涵盖了全国生物多样性分布的关键区域，绝大多数珍稀濒危物种及其栖息地得到了有效保护。尤其值得一提的是，中国碳排放至2020年超额完成了向国际社会承诺的比2005年下降40%—45%的目标，基本扭转了二氧化碳排放快速增长的局面。在能耗强度方面，中国2020年比2011年下降近30%，成为全球降低最快的国家之一。2005年与2020年相比，能源消费量中的煤炭占比由70%多下降为57%，而非化石能源的占比则由7.4%提高至15.9%。截至2020年底，中国多晶硅、光伏电池、光伏组件等产品产量均居全球第一，出口200多个国家及地区，大大降低了全球新能源的使用成本。“十三五”时期，在修复生态环境方面，累计完成防沙治沙面积1000多万公顷，新增水土流失综合治理面积 31 万公顷，修复退化湿地 47 万公顷，新增和修复湿地面积近 70 万公顷，使生态系统的汇碳功能得到了进一步提高。

社会主义是人类历史上第一个消灭了人剥削人制度的社会，与其他社会相比时间还不长，不仅缺乏经验，还带有它脱胎出来的那个社会的痕迹；尤其在中国这种半殖民半封建的落后农业大国的基础上建设社会主义，更是前无古人，没有经验可以借鉴。然而，通过回顾和梳理 75 年来新中国在经济、政治、文化、社会、生态等各个领域的历史，人们可以清楚地看出，中国人民在中国共产党领导下，对于社会主义的建设和探索，无论在方向上还是态度上，都始终是明确而坚定、积极而认真的。它充分说明，当代中国历史中的一条十分明显的主线，的确是建设和探索社会主义。

2. 关于争取早日实现中国工业化、现代化

中国共产党的奋斗目标是在中国实行社会主义制度，进而实现共产主义。这是建党时就明确的，而且从来没有变过，只是后来通过实践发现，中国国情不同于

欧洲的资本主义国家，所以，提出先要进行反帝反封建的民主主义革命，然后再进行社会主义革命。毛泽东把它形象地比喻为分两步走和分上下两篇章："进行民族民主革命，这是文章的上篇……它的下篇，就是无产阶级领导农民，进行社会主义革命。"①

然而，当新民主主义革命即将胜利时，毛泽东、刘少奇等党和国家领导人从中国现代工业仅占国民经济10%左右，还有90%左右的经济生活停留在古代的实际情况出发，提出"在革命胜利以后一个相当长的时期内，还需要尽可能地利用城乡私人资本主义的积极性"②，以恢复和发展国民经济，为实行大规模工业化建设做准备。刘少奇还指出："只有在经过长期积累资金、建设国家工业化的过程之后，才能向城市资产阶级举行第一个社会主义的进攻，把私人大企业及一部分中等企业收归国家经营。"③因此，他们决定在新中国成立后，

---

① 《毛泽东选集》第2卷，人民出版社1993年版，第243页。

② 《毛泽东选集》第4卷，人民出版社1991年版，第1431页。

③ 《刘少奇论新中国建设》，中央文献出版社1993年版，第148页。

还要实行一段新民主主义制度，允许资本主义经济在无产阶级专政和国营经济占主导的条件下，再发展10年、15年、20年，甚至更长一点时间，以便为发展重工业积累资金、物资、人才，等条件具备后再重点发展重工业，相应实行社会主义政策。

但是，当新中国成立刚满3年，毛泽东又提出从现在起就要向社会主义过渡，并要用10年至15年时间过渡完。究竟是什么原因导致了这个变化？应当如何解释这个重大的历史性决策呢？如果说新中国史的主线只有建设和探索中国特色社会主义这一条，很容易使人得出这样的结论，即决定提前向社会主义过渡，是为了尽快走上社会主义道路，是毛泽东的主观意志和“社会主义的情结”导致了中国提前向社会主义的过渡。前些年，就有人发表过这种观点。然而，事实并非如此。

恩格斯说过：“一切社会变迁和政治变革的终极原因，不应当到人们的头脑中，到人们对永恒的真理和正义的日益增进的认识中去寻找，而应当到生产方式和交换方式的变更中去寻找；不应当到有关时代的哲学中去寻找，而应当到有关时代的经济中去寻找。”[①] 对于中国提前向社会主义过渡这一“社会变迁和政治变革的终极原因”，同样不应当到人们的头脑中、认识中去寻找，而应当到“有关时代的经济中去寻找”。

只要回顾一下历史就会知道，新中国成立不到一年，朝鲜内战爆发，以美国为首的帝国主义国家立即派舰队封锁台湾海峡，出兵干涉朝鲜内战，并把战火烧到鸭绿江边，对中国新生的人民政权构成了直接威胁，凸显了我国发展以重工业为基础的现代国防工业的紧迫性。有关部门在编制第一个五年计划草案时，把苏联和美欧国家的工业化道路进行了反复比较，一致认为“一五”计划必须以重工业为重点，凸显了我国优先发展重工业的必要性。然而，新民主主义的新中国，既不可能像英、美等老牌资本主义国家那样，通过对内剥夺农民、对外掠夺殖民地半殖民地进行原始积累，然后投资轻工业扩大积累，再来发展重工业；更不可能像德、

① 《马克思恩格斯选集》第 3 卷，人民出版社 2012 年版，第 797—798 页。

日等后起的资本主义国家那样，对外发动战争、对内提高税收，用抢夺殖民地和超经济剥削的办法，快速积累用于发展重工业的资金。因此，在一缺资金、二缺物资、三缺技术人才的情况下，要提前进行重工业建设，只能寻求一个先进工业国的帮助。而在当时，这个工业国不可能是欧美的资本主义国家，只能是社会主义的苏联和东欧一些人民民主国家。苏联鉴于我国出兵抗美援朝，维护了包括苏联远东地区在内的东亚和平，明确答应对我国以重工业为重点的“一五”计划建设给予全面援助，从而使优先发展重工业具有了可能性。但要使这种可能性变为现实性，在当时的历史条件下，还必须实行高度集中的计划经济体制，并相应将资本主义工商业的私有制改为公有制。只有这样，才能最大限度地将资金、物资、人才用于工业化基础建设，才能保证在接受苏联援助和对苏贸易过程中顺畅无阻。要这样做，当然不再是新民主主义而是社会主义了。可见，是提前开展大规模工业化建设决定了中国提前向社会主义过渡，而不是相反，为了急于搞社会主义而提前向社会主义过渡。

有一种观点认为，毛泽东决定提前向社会主义过渡，是由于1952年国民经济恢复任务已顺利完成，工业生产在国民经济中、国营经济在工业生产中的比重都有较快增长，农业互助合作化运动已全面开展，资本家的“五毒”行为激化了阶级矛盾，朝鲜战争战局也已趋于平稳。就是说，这时决定提前过渡，已经是水到渠成。这种观点，把提前过渡放在了客观形势特别是经济变化的背景之下加以考察，是完全正确的。但它忽略了一个基本事实，就是上述五个因素，在1952年并没能改变中国现代工业比重过低，进行大规模工业化建设所需资金、物资、人才极度匮乏的问题。据统计，1950年和1952年相比较，工业在社会总产值中的比重分别为28%和34%，财政收入分别为65亿元和184亿元，粮食产量分别为2600亿斤和3200亿斤，钢产量分别为61万吨和135万吨，在校大学生分别为11万人和19万人。可见，1952年的资金、物资、人才条件与新中国成立之初相差并不大。也就是说，1952年向社会主义过渡的“水”并没有到，“渠”也没有成。

那么，是什么促使毛泽东下决心提前向社会主义过渡的呢？历史事实表明，主要的和直接的原因，都是遇到了苏联答应全面援助中国以重工业为重点的“一五”计划建设这个历史机遇。要开展以重工业为重点的工业化建设，在资金、物资、人才条件都不具备的情况下，只能抓住这个千载难逢的机遇。而要抓住这个机遇，必须建立高度集中的计划经济体制，实行生产资料所有制的国有化、集体化，以便最大限度地合理使用有限的资金、物资和技术力量。这些当然不再是新民主主义政策，而是社会主义的政策。

从现有材料来看，第一次透露“一五”计划重点是重工业和国防工业的，是中共中央于 1951 年 12 月 1 日作出的《关于实行精兵简政，增产节约，反对贪污、反对浪费和反对官僚主义的决定》。在这个决定中，毛泽东加了一段话，指出：“从 1953 年起，我们就要进入大规模经济建设了，准备以 20 年时间完成中国的工业化。完成工业化当然不只是重工业和国防工业，一切必要的轻工业都应建设起来。为了完成国家工业化，必须发展农业，并逐步完成农业社会化。但是首先重要并能带动轻工业和农业向前发展的是建设重工业和国防工业。”[①]这段话表明，党中央当时已经倾向于从1953年起，把优先发展重工业当成为中国工业化的战略，并为此提出了农业集体化的任务。

紧接着，在1952年5月中央财政经济委员会（以下简称中财委）召开的全国财经会议上，时任中财委副主任的李富春作关于“一五”计划指导思想与分行业计划的报告，明确地说：“经济建设的重点放在重工业，尤其是钢铁、燃料动力、机械军工、有色金属和化学工业等基础工业上，为我国工业化打下基础；农业、轻工业和交通等事业应当围绕重工业这个中心来发展。”[②]会后，中财委会同有关部门做了两件事，一是对“一五”计划的轮廓草案作进一步修改，二是准备请求苏联支援“一五”计划中重工业基建项目所需的有关材料。7月1

① 《毛泽东文集》第6卷，人民出版社1999年版，第207页。

② 《李富春传》，中央文献出版社2001年版，第421页。

日，陈云将“一五”计划草案报送毛泽东，并附信说：草案要点是今后5年办些什么新的工厂，以便在七八月间向苏联提出需供设备的清单。[①] 随即，中共中央书记处于7月12日、14日、17日连续召开了三次会议。[②] 此后不久，中财委颁发的《关于编制五年计划轮廓的方针》以及《中国经济状况和五年建设的任务及附表》中，都写明了五年建设的基本任务是为国家工业化打下基础，建设方针是工业建设中以重工业为主、轻工业为辅；周恩来、陈云、李富春一行，也于8月15日启程去了苏联。

周恩来一行于17日抵达莫斯科，斯大林20日便同他们进行了长达三个小时谈话。斯大林明确表示，愿意在工业资源勘察、设计、工业设备、技术资料及派人来

---

① 《陈云年谱（修订本）》中卷，中央文献出版社2015年版，第227页。

② 《毛泽东年谱（1949—1976）》第1卷，中央文献出版社2013年版，第573、574、575页。

苏留学和实习等方面援助中国的五年计划。[①]看过中方提供的文件后，斯大林在9月3日与中国政府代表团进行了第二次会谈，再次表示对“一五”计划所需的设备、贷款、专家给予援助。斯大林的这个态度，表明中国以重工业为重点的“一五”计划得到了苏联方面予以全面援助的明确保证。于是，中方决定周恩来、陈云等先行回国，留下李富春和代表团其他成员就具体问题继续同苏方进行洽谈。

斯大林过去很长时间里，一直对中国共产党是否是民族主义政党抱有怀疑态度，之所以会在援助中国“一五”计划的问题上发生这么大的变化，显然与中国出兵抗美援朝有很大关系。因为，他看到新中国在刚刚建国、自身极其困难的条件下，接受他的请求，出兵抗美援朝，以巨大的民族牺牲捍卫了包括苏联在内的远东地区的和平，不仅消除了对中国党的怀疑，而且感觉对

① 《周恩来年谱》（1949—1976）上卷，中央文献出版社1997年版，第256页；《陈云年谱（修订本）》下卷，中央文献出版社2015年版，第229页；《李富春传》，中央文献出版社2001年版，第424—425页。

中国有所亏欠。当他听到中方感谢苏方援助时，当场表示："中国志愿军在朝鲜作战和在国内发展橡胶生产两件事，也是对苏联的援助。"[①] 关于斯大林对我们党态度转变与抗美援朝之间的关系，从毛泽东 1958 年同苏联驻华大使谈话中也可得到证明。他说："苏联人从什么时候开始相信中国人的呢？从打朝鲜战争开始的。从那个时候起，两国开始合拢了，才有一百五十六项。"[②]

周恩来、陈云于 9 月 24 日回到北京，毛泽东当晚便召集中共中央书记处开会。据原中央文献研究室编写的《毛泽东年谱（1949–1976）》记载，这次会议只有两个议题，一是听取他们汇报同苏联商谈的情况，二是讨论"一五"计划的方针和任务。正是在那个会上，毛泽东第一次提出："我们现在就要开始用十年到十五年的时间基本上完成到社会主义的过渡，而不是十年或者

① 《陈云年谱（修订本）》中卷，中央文献出版社 2015 年版，第 229 页。

② 《毛泽东文集》第七卷，人民出版社 1999 年版，第 387 页。

以后才开始过渡”。[1]原中央文献研究室编写的《毛泽东传》写道：“这是一次十分重要的会议。毛泽东这个讲话表明，他关于由新民主主义向社会主义转变的步骤、方法，同原来的设想，发生了变化。”[2]

毛泽东在听取周恩来访苏情况汇报和讨论“一五”计划方针和任务的会上，提出向社会主义提前过渡的主张，反映了选择优先发展重工业的战略、苏联答应对“一五”计划建设进行援助、决定向社会主义提前过渡，这三件事情之间存在的内在联系。它说明，正是中国安全形势迫切需要优先发展重工业，以及苏联答应帮助中国优先发展重工业等客观情况，反映到毛泽东头脑中，使他敏锐察觉到，这对中华民族来说是一个难得的机遇，必须用提前向社会主义过渡的办法抓住这个机遇。同时也说明，无论优先发展重工业还是向社会主义提前过渡，都是毛泽东同党内决策层较长时间酝酿所作出的

---

① 《毛泽东年谱（1949—1976）》，第 1 卷，中央文献出版社 2013 年版，第 603 页。

② 《毛泽东传》（1949—1976）上卷，中央文献出版社 2003 年版，第 237 页。

集中概括，绝非他个人的主张，更非他出于“社会主义情结”的心血来潮和突发奇想。

以上说明，当年如果没有苏联的援助，中国不可能立即开展优先发展重工业的工业化建设，也不可能提前向社会主义过渡，而只能按照既定方针，继续实行一个较长时间的新民主主义政策。今天回头看，无论赞成还是不赞成由新民主主义向社会主义提前过渡，都不能不承认，提前过渡是出于抓住当时国内国际有利时机的考虑，力图通过优先发展重工业把中国的社会生产力迅速搞上去。优先发展重工业需要有大量的资金、物资的投入，而当时的中国在经济基础上，比苏联实施第一个五年计划时还要薄弱得多（苏联1928年实行第一个五年计划时的钢产量是430万吨，而我国1953年钢产量只有177万吨）。因此，为了把有限的资金和各种资源集中用于重工业建设，中国更需要轻工业企业降低成本，提高效率，向国家多缴利税；更需要农业较大幅度地增加产量，向国家更多地提供商品粮和可供出口换汇的农副产品。正是这一切，决定了不能不提前对农业和资本主义工商业进行社会主义改造。

那时，广大个体农民经过土改，家家户户分得了自己的土地，生产积极性有了极大提高。但由于生产力低下，一家一户单干缺少改造农田水利、抵御自然灾害的能力，单位面积产量难以大幅度提高。要改变这种状况，根据当时条件，只能是把农民组织到农业生产合作社里，实行生产资料的集体化。另外，对主要农产品实行统购统销，也需要把农民组织到农业生产合作组。

那时，轻工业主要集中在私营企业，其中大部分虽然已经纳入加工、订货、统购、包销，以及公私合营等国家资本主义的轨道，但生产资料仍然属于资本家个人，要淘汰落后企业，让原材料更多地用于设备先进的企业，就要打破生产资料的私人所有制，实行全行业公私合营。另外，私人企业的利润虽然采取了“四马分肥”[①]的办法，但仍然有25%落入资本家个人腰包，要让资金更多地集中到国家手中，也要改变生产资料的私

① 指在私营企业中，利润按国家所得税、企业公积金、工人福利费、资方红利四个方面进行分配，大体各占30%、10—30%、5—15%、25%。

人所有制，对资本家实行赎买政策。

优先发展重工业除了需要有大量资金、物资的投入，还需要有对工业资源的勘察、对工业设备的设计和制造、对工业技术的了解和掌握。这些，旧中国都没有留下什么像样的遗产，只能在接受苏联援助的过程中，边干边学，逐步取得。当年苏联的援助涉及经济、科技、教育等多领域全方位，要使援助顺利进行，双方需要在经济制度和体制、工作方法和程序上有所衔接，用今天的话说叫“接轨”。比如，苏联企业是国营的，在中苏贸易中，中方自然只能由国营企业与它们对接。[①]再如，苏联实行的是高度集中的计划经济体制，设备何时交货，何时安装，何时调试，都要按计划进行。如果中方没有计划，或者执行计划不严格，合作就会磕磕绊绊。这一情况，也是促使中国实行计划经济体制，提前向社会主义过渡的因素之一。

关于优先发展重工业战略决定了对农业、手工业、

---

① 参见《1949—1952 中华人民共和国经济档案资料选编》对外贸易卷，经济管理出版社 1994 年版，第 207 页。

资本主义工商业的社会主义改造，毛泽东在1953年关于过渡时期总路线的“一化三改”是“一鸟两翼”的比喻，已经说得十分清楚。由他审阅修改的中宣部关于过渡时期总路线的学习宣传提纲也指出：“资本主义国家从发展轻工业开始，一般是花了五十年到一百年的时间才能实现工业化，而苏联采用了社会主义工业化的方针，从重工业建设开始，在十多年中（从一九二一年开始到一九三二年第一个五年计划完成）就实现了国家的工业化。……苏联因为建立了重工业，就有了机器制造工业，有了汽车、飞机、拖拉机等工业，就有了现代国防工业，就能使交通运输业、轻工业获得不断的有力的发展，就能使农业获得各种新式机器和化学肥料，迅速地实现农业的集体化。我国实现国家的社会主义工业化，正是依据苏联的经验从建立重工业开始。”①

可见，那时人们对什么是社会主义和怎样建设社

① 《为动员一切力量把我国建设成为一个伟大的社会主义国家而斗争——关于党在过渡时期总路线的学习和宣传提纲》，载《建国以来重要文献选编》第4册，中央文献出版社1993年版，第734页。

会主义的问题，认识上与今天相比虽然有很大差距，但对于实现社会主义的目的是使生产关系、经济体制尽可能适应生产力发展的需要，为了抓住朝鲜战局平稳和苏联答应援助中国“一五”计划建设有利时机加快发展等道理，在头脑里还是十分清楚的。因为是优先发展重工业的战略决定了提前向社会主义过渡，而不是提前过渡决定了优先发展重工业。因此，建设和探索社会主义的历史动因，代替不了争取早日实现中国的工业化、现代化，这两个历史动因、两条历史主线都是客观存在，而且是互相并列的。

3. 关于维护中国的国家主权、安全和领土完整

新中国成立后，曾在周边打过五次比较大的仗：第一仗是抗美援朝战争，第二仗是中印边境自卫反击战，第三仗是抗美援越战争（主要是后勤和防空支援），第四仗是中苏珍宝岛战斗（规模不大，但导致中苏边境局势长时间紧张），第五仗是中越边境自卫反击战。如果说这些战争和战斗都是受建设和探索中国特色社会主义这条主线，或者受争取早日实现中国工业化、现代化这

条主线支配的，显然都说不通。总不能说为建设和探索社会主义，或者为早日实现工业化、现代化，就要和别的国家打仗吧。

可见，在新中国的历史中，除了建设和探索社会主义、争取早日实现工业化、现代化两条主线之外，还有一条贯穿始终的主线，那就是维护国家的主权、安全和领土完整。这条主线与上述两条主线之间，是并列和互补的关系，难以相互代替。新中国成立之初进行的抗美援朝、抗美援越、炮击金门、平息西藏少数分裂分子叛乱等，是受这条主线所支配。后来反对“两霸”，抵制美国等西方反华势力在“八九”政治风波后对中国实施所谓“制裁”，收回港澳主权，遏制“台独”，打击“藏独”和“疆独”等，也是受这条主线支配的。最近几年，在东海和南海与各种敌对势力的挑衅作斗争，在朝鲜半岛反对部署“萨德”反导系统，应对中美贸易战、科技战，推进维护国家安全法在香港落实，反对西方反华势力制造借口禁用新疆棉，抵制、反击美国等国在新冠病毒感染问题上向中国“甩锅”，反制美国对“台独”势力的怂恿、支持和“北约”的亚太化等斗争，同样是受这条主线的支配。这条主线源于近代以来中国人民对帝国主义侵略和压迫的反抗，反映了中华民族追求和平、安定的强烈愿望和捍卫国家主权、领土完整的坚强意志。

历史有贯穿始终的主要脉络，就像人体有经络一样。经络看不见、摸不着，却客观存在于人体，担负着运行气血、沟通五脏六腑、五官九窍的作用。找到了经络，就可以了解人的健康状况及其原因。同样，找到了历史的主线，就可以了解历史发展的动因。在新中国史的三条主线中，第一条最重要，体现中国人民对社会主义的美好向往，但它代替不了另外两条。因为，这三条主线都是新中国成立后，中国人民在中国共产党领导下推动历史前进的主要动因。它们既相互联系又相互区别，共同影响和左右着新中国史的发展。新中国迄今为止 70 多年发生的所有重大事件，几乎都可以从这三条主线中找到相应的答案。它们就像三把钥匙，可以打开新中国史一系列问题之门；它们也像交响乐的三个主题，交汇演奏并继续演奏着共和国史的交响曲。抓住了这三条主线，不仅能抓住新中国历史的主要线索、主要脉络，而且可以预测新中国历史的未来走势。认清了这三条主线，不仅能了解新中国的过去和现在，而且可以断言新中国的未来，一定会继续在社会主义道路上探索前进，一定会继续为早日实现工业化、现代化不懈奋斗，一定会继续坚定不移地捍卫国家主权、安全和领土完整。这是新中国历史规律决定的，是不以人的意志为转移的，也是任何势力改变不了的。

（三）明确新中国史的主流

所谓历史主流，顾名思义是相对支流而言。评判什么是历史的主流，实际上是评判在一定历史时期内，究竟光明、进步、积极的一面为主，还是黑暗、倒退、消极的一面为主。马克思主义史学工作者之所以要回答这个问题，人们学习历史之所以要弄清这个问题，都是为了正确认识历史，在纷繁复杂的历史过程中，分析和把握历史的主要方面，以便正确认识历史。

在过去很长时间里，多数人认为改革开放后的历史，基本应以正面为主，主流是好的；而改革开放前的历史，不少人要么不能理直气壮地表示应以正面为主，要么或明或暗地认为应以负面为主，个别人甚至把那段历史描绘得一团漆黑，认为比旧中国都不如。这种情况，在党的十八大之后有了很大改变。但有些人思想深处的问题并没有得到解决，一遇具体问题又会反复。因此，要弄清楚新中国史的主流，主要应当弄清楚如何看待改革开放前的历史，尤其是那段历史中的失误和曲折和那段历史对改革开放的基础性作用。

1. 正确看待改革开放前历史的失误和曲折

自从新中国成立到粉碎“四人帮”的27年，加上从那时到党的十一届三中全会召开之前的两年，一共是29年，大数30年。在这30年里，确实有过全局性、长时段的重大失误和曲折，例如“大跃进”和“文化大革命”。对此，我们不应当忽视，更不应当掩饰，否则不可能从中吸取教训。但是，我们也不能孤立地片面地看待它们，更不能夸大它们，把失误和曲折看成那段历史的主流。否则，同样不可能正确总结经验，还会“一叶障目”，动摇和丧失历史的自信，导致对那段历史的全盘否定和对社会主义制度的怀疑。因此，要正确看待改革开放之前的历史，尤其那段历史的失误和挫折，我认为需要做到以下四个比较和区别。

（1）把失误、挫折与历史的本质、成就加以比较。

关于改革开放前历史时期的成就、成绩，党中央在改革开放后的各个时期都有过论述，观点是明确的，也是一贯的。

比如，1979 年邓小平在理论务虚会上指出："社会主义革命已经使我国大大缩短了同发达资本主义国家在经济发展方面的差距。我们尽管犯过一些错误，但我们还是在三十年间取得了旧中国几百年、几千年所没有取得过的进步。"①

1981 年党的第二个历史决议中指出：中华人民共和国成立以后的历史，"总的说来，是我们党在马克思列宁主义、毛泽东思想指导下，领导全国各族人民进行

---

① 《邓小平文选》第 2 卷，人民出版社 1994 年版，第 167 页。

社会主义革命和社会主义建设并取得巨大成就的历史。社会主义制度的建立，是我国历史上最深刻最伟大的社会变革，是我国今后一切进步和发展的基础”。“忽视或否认我们的成就，忽视或否认取得这些成就的成功经验，同样是严重的错误。”①

1989年，江泽民同志在庆祝建国40周年大会上指出：“中华人民共和国成立以来的四十年，是中国历史发生翻天覆地变化的四十年，是经历艰难曲折、战胜种种困难、不断发展进步的四十年，是中华民族扬眉吐气、独立自主、在国际事务中日益发挥重要作用的四十年。”②

2007年，胡锦涛同志在党的十七大报告中指出：“我们要永远铭记，改革开放伟大事业，是在以毛泽东同志为核心的党的第一代中央领导集体创立毛泽东思想，带领全党全国各族人民建立新中国、取得社会主义

---

① 《三中全会以来重要文献选编》（下），人民出版社1982年版，第794、798页。

② 《十三大以来重要文献选编》（中），人民出版社1991年版，第611页。

革命和建设伟大成就以及艰辛探索社会主义建设规律取得宝贵经验的基础上进行的。新民主主义革命的胜利，社会主义基本制度的建立，为当代中国一切发展进步奠定了根本政治前提和制度基础。”①

尽管党中央一贯肯定改革开放历史的主流，但在党的十八大之前，如果谁要是说改革开放前后两个 30 年不能相互割裂和对立，应当把它们看成一个内在统一的整体，仍然是犯忌讳的，会被贴上“左”的标签，还会遭受某些势力的攻击。这种现象直到党的十八大之后，习近平总书记明确作出了正确认识改革开放前后两个历史时期的论述，才有所改变。

依照党中央论述的精神，将改革开放前历史时期的成就加以归纳和具体化，我认为起码可以列出以下十条：

第一，实现了国家的独立、统一（除港、澳、台）和各民族的大团结。

---

① 《中共中央政治局召开会议 对学习宣传贯彻党的十七大精神进行研究部署》,《人民日报》2007 年 10 月 24 日。

第二，建立了社会主义的政治、经济、文化、社会等各个领域的基本制度。

第三，从根本上提高了工人、农民等劳动群众的社会地位，实现了人与人在政治上的平等。

第四，形成了独立、完整的工业体系和国民经济体系。

第五，在工农业主要产品的产量和交通运输业上，大大超过了旧中国，并缩小了与老牌资本主义国家的差距。

第六，使马克思主义在意识形态领域占据了主导地位。

第七，形成了大中小学教育的完整体系，使文盲率由新中国成立时的80%，下降至20%—30%。① 并培养出了各个领域的大批建设人才，产生了以“两弹一星”为代表的的一批处于世界先进水平的高科技成果和具有生命力的学术著作、文艺作品。

---

① 据中国人口普查中的文盲率统计，1964年为33.8%，1982年为22.8%，推算1978年为20%—30%。

第八，改善了人民群众的物质生活条件，使人均预期寿命由新中国成立时的35岁延长了将近1倍。

第九，粉碎了外国对中国领土的武装威胁和军事入侵，捍卫了领土完整和国家安全，为长期和平建设创造了有利的外部条件。

第十，提高了中国的国际地位，与世界大多数国家建立外交关系或为建交铺平道路，并恢复我国在联合国的合法席位。

只要肯定了上述十大成就，再回头把那段历史的失误、曲折，包括“大跃进”和“文化大革命”的严重错误，同这些成就放在一起比较，孰重孰轻，谁是主流谁是支流，就会一目了然、一清二楚。

（2）把失误、挫折与存在失误、挫折时期的整体加以比较。

第一，要分析失误和错误是全局性现象，还是个别的、局部的现象。

例如，改革开放前曾发动过一系列政治运动。其中像“大跃进”中的高指标、瞎指挥、浮夸风、“共产风”，

“文化大革命”中的“怀疑一切、全面内战”等错误，都是普遍的、全局性的。但像新解放区土改、镇压反革命和“三反”“五反”运动中的错误，则是局部的，而且一经发现，很快得到了纠正。如果不加分析，看到哪个运动中有缺点有错误就予以全盘否定，势必会得出改革开放前的历史是一连串错误集合的结论。

第二，要分析存在失误和错误的工作中是否也有正确、合理的成分，以及正确、合理的成分对此后工作是否也起到了积极作用。

例如，新中国成立初期，思想文化领域中进行的几场比较大的批判运动，存在把思想性、学术性问题简单化、政治化的倾向，有的甚至混淆了敌我、敌友的界限。但也应当看到，正是那些大张旗鼓的批判，加上在此期间进行的知识分子思想改造运动，使文艺界、学术界、教育界原先存在的封建主义和资产阶级唯心主义、“民主个人主义”、自由主义的思想，受到了强烈冲击和迅速清理，使过去仅在革命根据地和革命队伍中占主导的辩证唯物主义和历史唯物主义、为人民服务和人人平等等无产阶级思想，很快为大多数旧社会过来的知识分子所接受，在全国文教及整个意识形态领域占据了主导地位。如果不加分析，把那几场批判运动中犯的错误，连同其中合理的正确的成分一概否定，就难以解释为什么过去仅在革命根据地和革命队伍中占主导地位的无产阶级思想，能在短短几年内成为全国特别是城市中的主流意识形态。

第三，要分析存在失误和错误时期取得了哪些成就和成绩。

比如，“大跃进”使“左”倾错误严重泛滥，给国民经济造成很大损害。但“大跃进”前前后后持续了3年时间，在那3年里，新建、扩建了十大钢铁厂，以及一批有色金属冶炼厂和几十个煤炭企业和发电厂，其中包括至今还在发挥作用的武钢、包钢。据统计，全国目前9.8万座各类水库中，有8.5万座是改革开放前修建的，其中又有相当多的水库，包括210座大型水库，是在那3年动工建设的。1964年以前重工业部门新建的大中型项目中，也有2/3是那3年开工兴建的，其中包括大庆油田。那3年建起来的县办社办工业，后来虽然纷纷下马，但很多在“文化大革命”中又“死灰复燃”，成为改革开放初期乡镇企业“异军突起”的基础。

“文化大革命”是新中国成立后犯的最为严重的错误，但“文化大革命”持续了10年时间。在那10年里，除了进行“文化大革命”，还开展了一系列经济、国防等各领域的建设。比如，在那10年里，建成了成昆、湘黔、焦枝等9条铁路（包括宝成电气化铁路），南京长江大桥，两条长距离输油管道，连通大部分省的微波通信干线，第一艘核潜艇，第一个卫星地面站，第三代电子计算机，全国电视网；还成功爆炸了氢弹，进行了地下核试验，发射了第一颗洲际导弹，发射和回收了人造卫星，成功培养了籼型杂交水稻。就连前几年获得诺贝尔医学奖的屠呦呦，也是在那10年里发明疟疾特效药青蒿素的。另外，在那10年，毛泽东还批准动用43亿美元，引进了发达国家的一大批先进技术和工业设备。可见，不能因为彻底否定“文化大革命”，就否定“文化大革命”时期党和政府所做的全部工作，否定广大工人、农民、知识分子、解放军指战员为建设和保卫国家而付出的艰辛努力、取得的重大成就，否定那一时期我们党和国家的性质。

（3）把主观原因造成的失误、挫折与由于客观原因限制难以避免的失误、挫折加以区别。

所谓客观原因有两种，一种是因为实践不够，缺少经验；另一种是因为物质不够，缺少条件。例如，改革开放前很长时间内积累率过高，对消费品生产的资金、原材料安排不足，给人民生活造成许多困难；对农业、农民索取过多，给予过少，造成农村大部分地区面貌长期变化不大。这些问题与我们缺乏经验，对积累与消费比重安排不当，对农业、农民、农村照顾不够有关，也与受当时物质条件的限制有关。新中国成立后，面对一穷二白的落后局面和帝国主义的军事威胁，只能走优先发展重工业的道路，不得不把有限的财力、物力、人力最大限度地集中起来，用于钢铁、机械、煤炭、电力、铁路等基础工业、基础设施的基本建设；不得不对粮食、棉花、油料作物和木材等主要农副产品统购统销，用于大批招工后的城市供应，工业设备进口后的商品出口；不得不暂时抑制人民的消费、保持一定比例的工农业产品“剪刀差”，满足大规模、高速度的工业化建设对物资、资金的需要。从这个意义上说，人民生活尤其农民生活的困难，是优先发展重工业不得不付出的必要代价。即使不犯“大跃进”、反右倾、“文化大革命”那样的错误，仍然会有这些困难，只不过困难的程度会减轻，困难的时间会缩短罢了。

（4）把造成失误、挫折的主观原因中的好心办错事与个人专断加以区别。

由主观原因造成的错误中也有两种，一种是个人专断，另一种是急于求成。对于急于求成，邓小平作过一个分析，说“我们都是搞革命的，搞革命的人最容易犯急性病。我们的用心是好的，想早一点进入共产主义。这往往使我们不能冷静地分析主客观方面的情况，从而违反客观世界发展的规律。中国过去就是犯了性急的错误”。[1]这个分析完全符合实际，也十分中肯。正因为好心办坏事，所以错误一旦被发现，中国共产党和人民政府总是能认真反思、迅速纠正，并采取积极措施，解决遗留问题。

例如，“大跃进”的错误加上自然灾害，给人民生活造成严重影响，口粮不足，肉蛋匮乏，日用消费品奇缺，人民普遍营养不良，很多群众患浮肿病，一些地方甚至出现非正常死亡的严重情况。但政府发现这些问题后，立即紧急调运和进口粮食，查处封锁消息的案件，领导干部带头减少粮食定量，千方百计增加城市大豆及副食品供应，发放各种生活必需品的票证，以保障人民群众的基本需要。

改革开放后，随着物资供应的逐步改善，票证渐渐退出了历史舞台，有些人出来讽刺当年的票证，认为是错误的可笑的。其实，对待票证同样要放到当时的历史条件下去分析。当物资匮乏时，首先要满足工业化建设

---

① 《邓小平文选》第 3 卷，人民出版社 1993 年版，第 139—140 页。

的需要，然后才能拿有限的物资用于人民消费。比如，木材首先要满足铁路和煤矿基本建设对枕木、坑木的需要，剩余的或边角料才拨给家具厂。做出家具后，有三种分配方式：一是随行就市，实际是谁钱多给谁；二是卖完为止，实际是谁有工夫排队给谁；三是发放票证，实际是谁需要给谁。三种方式相比，显然第三种最公平。还要看到，当年即使在发放票证的工作中，党和政府考虑问题也是十分周到细致的。例如，上海除了有半两粮票外，还考虑到下乡工作组到老百姓家里吃派饭的需要，印有一钱六分五厘的油票。正因为在困难条件下，党和政府密切联系群众、处处为人民着想，干部以身作则、同人民群众同甘共苦，所以，老百姓生活尽管艰难，但对党和政府仍然高度信任。

个人专断与急于求成的问题有所不同，党的第二个历史决议对此作过全面和深入的分析。决议指出：个人专断的根源在于骄傲、脱离实际和脱离群众，表现在把个人凌驾于组织之上；后果在于使党和国家政治生活中的集体领导原则、民主集中制原则受到削弱以至破坏；

社会原因在于党内民主和国家政治生活中的民主缺少制度化、法律化，权力过分集中于个人；历史原因在于长期封建社会造成的专制主义思想的影响。

不过，受专制主义思想的影响与专制制度，是本质上完全不同的两码事。前者是思想作风问题，后者是社会性质问题。从本质上讲，社会主义制度与个人专断这类专制主义思想是格格不入的。正因为如此，我们党才能在社会主义制度的框架内，提出并着手纠正这种现象。党的十七大报告在讲到严格执行民主集中制时，强调要“健全集体领导与个人分工负责相结合的制度，反对和防止个人或少数人专断”[①]。习近平总书记在2014年全国组织工作会议上也指出：“在贯彻执行民主集中制方面，既有发扬民主不够导致的主要领导独断专行的问题，也有正确集中不够造成的领导班子软弱无力的问题，相对来说，前者更为突出一些。”[②] 他后来还批评一

① 《十七大以来重要文献选编》（上），中央文献出版社2009年版，第39—40页。

② 《十八大以来重要文献选编》（上），中央文献出版社2014年版，第314页。

些干部搞“高级黑”，拉“关系网”，搞“人身依附”等。这些都说明，即使改革开放后，仍然存在封建主义遗毒的种种表现。封建社会在我国有几千年历史，其思想有深厚土壤，不会只在某个人或某些人身上起作用，也不会短时间内被清除干净。因为存在个人专断的现象，就妄言我们党是什么专制主义的党，我们国家是什么专制主义的国家，不仅政治上是反动的，理论上也是荒缪的、站不住脚的。

2. 正确看待改革开放前历史时期对改革开放的基础性作用

要正确认识改革开放前历史时期的主流，还应当看到，改革开放对当代中国的命运虽然起着关键作用，但它不是在 1949 年旧中国那个满目疮痍的烂摊子上起步的，而是在以毛泽东为核心的党的第一代中央领导集体带领全党全国人民建立新中国，取得社会主义革命和建设伟大成就，以及艰辛探索社会主义建设规律并取得宝贵经验的基础上进行的。这个基础，起码可以概括为以下五点：

第一，为改革开放提供了政治前提。例如，取得了国家的独立、统一，实现了民族的大团结，建立了社会主义基本制度，维护了国家的安全和社会的稳定。

第二，为改革开放提供了物质和人才基础。例如，建立了独立完整的工业体系和国民经济体系，奠定了社会主义建设的技术基础。据统计，改革开放前的固定资产比新中国成立时增长了 56.3 倍；培养了 295 万大学生，形成了 300 多万人的科技队伍，大学毕业生比旧中国增加了 14 倍。党的第二个历史决议说："我们现在赖以进行现代化建设的物质技术基础，很大一部分是这个时期建设起来的；全国经济文化建设等方面的骨干力量和他们的工作经验，大部分也是在这个时期培养和积累起来的。"①

第三，为改革开放提供了外部条件。例如，提高了中国的国际地位和威望，恢复了新中国在联合国的合法席位，打破了帝国主义对中国的封锁。邓小平说："毛

---

① 《中国共产党中央委员会关于建国以来党的若干历史问题的决议》，人民出版社 2012 年版，第 19 页。

泽东同志在他的晚年还提出了关于三个世界划分的战略思想，并且亲自开创了中美关系和中日关系的新阶段，从而为世界反霸斗争和世界政治前途创造了新的发展条件。我们能在今天的国际环境中着手进行的四个现代化建设，不能不铭记毛泽东同志的功绩。”①

第四，为改革开放提供了政治保证。例如，形成了包括四项基本原则在内的关于社会主义制度的一系列基本政治原则。

第五，为改革开放提供了可资借鉴的经验教训。邓小平说过：“过去的成功是我们的财富，过去的错误也是我们的财富……没有‘文化大革命’的教训，就不可能制定十一届三中全会以来的思想、政治、组织路线和一系列政策。”②

根据以上分析，对改革开放前的历史至少可以作出以下三点基本评价：

第一，改革开放之前历史时期发生的失误和曲折，

---

① 《邓小平文选》第2卷，人民出版社1994年版，第172页。

② 《邓小平文选》第3卷，人民出版社1993年版，第272页。

本质上是探索过程中的失误、曲折，那一时期的主流是成就和进步，评价应当以正面为主。

第二，改革开放之前历史时期的城乡面貌和人民生活水平远不如改革开放后变得那么快、提得那么高，这并不表明那一时期没有成绩或成绩不大。如同盖楼一样，打地基的变化不容易让人看出来，但楼房盖得快、盖得高、盖得好，反过来可以说明地基打得牢。

第三，改革开放前与改革开放后两个历史时期，是内在统一、不可分割的整体。这两个时期的历史，都是伟大、光辉的历史，都是值得每一个中国人为之骄傲、自豪的历史。

习近平总书记强调：新中国在改革开放前，完成了社会主义革命，确立了社会主义基本制度，消灭了一切剥削制度，推进了社会主义建设。“这一伟大历史贡献的意义在于，完成了中华民族有史以来最为广泛而深刻的社会变革，为当代中国一切发展进步奠定了根本政治前提和制度基础，为中国发展富强、中国人民生活富裕奠定了坚实基础，实现了中华民族由不断衰落到根本扭转命运、持续走向繁荣富强的伟大飞跃。”[①] 他指出：“一切向前走，都不能忘记走过的路，走得再远、走到再光辉的未来，也不能忘记走过的过去，不能忘记为什么出发。”[②] 我们要像习近平总书记要求的那样，学史明理、学史增信、学史崇德、学史力行，牢固树立对新中国历史的自信。

（四）领会新中国史经验总结的正确方法

总结历史经验是史学研究的重要内容，也是它的主要目的之一。古人主张史学要经世致用，这个“用”，很大程度就体现在总结和提炼历史经验的功能上。司马迁说，他写《史记》，是为了“究天人之际，通古今之变，成一家之言”[③]。换成今天的话，就是弄清历史原因，揭示历史规律，提出自己关于这些问题的见解。司马光主编的史书之所以被称作《资治通鉴》，意思是把它

① 《庆祝中国共产党成立 95 周年大会在京隆重举行》，《人民日报》2016 年 7 月 2 日。

② 习近平：《在党史学习教育动员大会上的讲话》，《求是》2021 年第 7 期。

③ 《汉书》卷 62《司马迁传·报任安书》，中华书局 1962 年版，第 2735 页。

比作治理国家的一面镜子。朱熹也说："读史当观大伦理、大机会、大治乱得失。"[①] 意思是研究历史不要纠缠一些琐碎小事，而应关注大事，尤其是治理国家的经验教训。

总结历史经验是史学工作者的工作，也是各行各业实际工作者尤其为政者的一项工作。春秋末期晋国公卿赵襄子的家臣张孟谈就说过："前事之不忘，后事之师。"[②] 唐太宗更是发出感慨："以铜为镜，可以正衣冠；以古为镜，可以知兴替；以人为镜，可以明得失。"[③] 中国共产党尤其重视对历史经验的总结。毛泽东曾说过："好的政策都是经验之总结。"[④] "一切带原则性的军事规律，或军事理论，都是前人或今人做的关于过去战争经验的总结。这些过去的战争所留给我们的血的教训，应该着重地学习它。这是一件事。然而还有一件事，即

---

① 黎靖德编：《朱子语类》卷 11《学问·读书法下》，中华书局 1986 年版，第 196 页。

② 《战国策·赵策一》，中华书局 2012 年版，第 498 页。

③ 《贞观政要》，上海古籍出版社 2008 年版，第 24 页。

④ 《毛泽东文集》第 2 卷，人民出版社 1993 年版，第 417 页。

是从自己经验中考证这些结论，吸收那些用得着的东西，拒绝那些用不着的东西，增加那些自己所特有的东西。”[①] 邓小平在党的第二个历史决议制定时也指出：学习马克思、列宁和毛泽东同志的著作，“必须联系中国革命的历史，这样就能了解党是怎样领导革命的，了解毛泽东同志有哪些功绩，使大家知道中国革命是怎样成功的”。[②]

习近平同志早在党的十八大前的一次讲话中就说过：“重视对历史的学习和对历史经验的总结与运用，善于从不断认识和把握历史规律中找到前进的正确方向和正确道路，这是我们党 90 年来之所以能够领导中国革命、建设、改革不断取得胜利的一个重要原因。”[③] 党的十八大后，他作为中共中央总书记，更加强调要从党史国史中总结、认识和把握革命、建设、改革各个历史

① 《毛泽东选集》第 1 卷，人民出版社 1991 年版，第 181 页。

② 《邓小平文选》第 2 卷，人民出版社 1994 年版，第 381 页。

③ 习近平：《领导干部要读点历史——在中央党校 2011 年秋季学期开学典礼上的讲话》，《学习时报》2011 年 9 月 5 日。

时期的经验。在2018年中央政治局第十次集体学习时，他说："延安时期，环境那么严酷，任务那么繁重，毛泽东同志仍然十分重视研究和借鉴历史。今天，我们进行伟大斗争、建设伟大工程、推动伟大事业、实现伟大梦想，更需要重视研究、借鉴历史。"[①] 建党100周年前夕，他在党史学习教育动员大会上进一步指出："我们党一步步走过来，很重要的一条就是不断总结经验，提高本领，不断提高应对风险、迎接挑战、化险为夷的能力水平。"[②] 他要求全党，要"总结运用党在不同历史时期成功应对风险挑战的丰富经验，做好较长时间应对外部环境变化的思想准备和工作准备"[③]。

史学工作者总结、研究历史经验与实际工作者尤其为政者的总结、研究，有一致的地方，也有不一致的地方。一致之处是，都要站在中国人民根本利益的立场

---

① 《习近平在中共中央政治局第十次集体学习时强调 严把标准公正用人拓宽视野激励干部 造就忠诚干净担当的高素质干部队伍》，《人民日报》2018年11月27日。

② 习近平：《在党史学习教育动员大会上的讲话》，《求是》2021年第7期。

③ 习近平：《在党史学习教育动员大会上的讲话》，《求是》2021年第7期。

上，以唯物史观为指导，尊重客观实际，寻找客观规律，继承、发扬中国古人和中国共产党总结历史经验的优良传统。不同之处在于，史学工作者总结、研究历史经验，属于学术范畴，并不马上运用于实际工作；他们有时也要关注当下具有全局性、紧迫性的实际问题，但那是把它看作未来的历史，为总结历史经验增强现实针对性；他们总结和研究历史经验的目的，是给为政者和实际工作部门的工作提供参考，给广大群众学习历史经验、提高历史素养提供材料，即通常说的资政育人。而实际工作者和为政者总结、研究历史经验，大多是实际工作的一部分。他们对历史经验的总结和研究，一般是从当下具有全局性、紧迫性的实际问题入手；总结、研究出来的经验，也往往直接用于制定政策、指导工作和教育群众等实际工作中。

新中国史的研究者和实际工作者尤其为政者，在总结和研究历史经验的目的、着重点上，虽然有所不同，在方法上却有许多地方是相通的。这里仅就几个方法问题，谈点个人的浅见。

1. 要把用最新认识总结经验与把问题放到一定历史条件下总结相结合

每个时代的人总结历史经验，都只能是从所处时代的认识水平出发。在党的十一届三中全会之后，特别是党的十八大之后的今天，总结和研究新中国史的经验，应当也必须站在改革开放和新时代中国特色社会主义的认识高度，而不能停留在过去的认识水平上。否则，很难得到正确经验。但是，任何时代的人总结历史经验，也不能用当下的认识代替历史发生时的客观实际，而要把问题放到历史发生时的条件下去总结和研究。否则，同样不可能得到正确经验，还有可能把本来是成功的经验当成失误而抛弃。

比如，总结计划经济的历史经验，就不能再用计划经济是社会主义本质特征的旧观念，而应当运用“计划和市场都是手段”，“把市场在资源配置中起决定作用和更好发挥政府作用结合起来”的新观点。然而，有人因为我国由计划经济体制转变为社会主义市场经济体制，就把计划经济说得一无是处，指责当年选择计划经济体制是从书本出发，是照搬别国模式，是一种失误，阻碍了经济发展和人民生活水平的提高。这种观点，就是没有把问题放到一定历史条件下去总结和研究的结果。

党的十四大确定把社会主义市场经济作为体制改革目标模式时，中央委员会的报告明确指出："原有经济体制有它的历史由来，起过重要的积极作用。"① 时任中共中央总书记的江泽民还说过："对计划经济体制曾经起过的历史作用，我们是充分肯定的。"② 什么是它的由来？什么是它所起过的积极作用、历史作用？只有把计划经济体制放到确立它的 20 世纪 50 年代的背景下，才能看明白说清楚。

一个国家实行什么样的经济体制，对这个国家的影响往往是巨大的、深刻的、全方位的。中国从 1952 年实行计划经济体制，到 1992 年决定把社会主义市场经济作为经济体制目标模式，时间长达 40 年。正是在这段时间里，中国由一个一穷二白的落后农业国，建成了

---

① 《十四大以来重要文献选编》（上），人民出版社 1996 年版，第 3 页。

② 江泽民：《论社会主义市场经济》，中央文献出版社 2006 年版，第 203 页。

独立的完整的工业体系和国民经济体系，为工业化奠定了坚实基础，基本解决了人民的温饱问题，为 20 世纪 90 年代末总体达到小康水平，21 世纪头 10 年国民生产总值跃居世界第二，21 世纪 20 年代全面建成小康社会，提供了重要的前提条件。

人们现在认识到，把高度计划经济体制改变为社会主义市场经济体制，完全符合我国当前和今后相当长历史时期生产力的发展水平，是在社会主义建设实践上的一个重大突破，也是对马克思主义经济理论的一次重大创新。它极大地解放和发展了中国社会生产力，大幅度提升了综合国力，加快了人民生活由温饱到小康的历史性跨越。任何留恋计划经济体制的想法，既缺乏理论根据又缺乏事实根据；任何试图恢复高度计划经济体制的做法，既不利于跟上时代脚步又违背绝大多数人民的意志。但是，这绝不意味着当初选择高度计划经济体制就错了，绝不意味着几十年来对计划经济的探索是毫无意义的。如果说当年我国选择和实行计划经济体制，只是从理论出发而不是从中国实际出发，只有束缚经济活力的弊病而没有改变国家落后面貌的巨大作用，只有凭主观意志办事的失败教训而没有按客观经济规律办事的成功经验，计划经济时期取得的那些伟大成就，就是不可想象的，也无法作出合理的解释。

苏维埃俄国和中国在革命胜利后，都面临自身经济落后的局面和帝国主义的军事威胁，都需要把资金、技术、人才密集的重工业作为自己优先发展的产业，以期在较短时间内实现国家工业化，为增强国防实力、巩固新生政权，进而提高人民生活水平奠定物质基础。然而，当时的苏联尤其是中国，缺少的恰恰是资金、技术、人才等发展重工业所必须的资源。面对这种情况，加上帝国主义的经济封锁，如果还是采取革命胜利以前的社会所采取的那种以市场为资源配置基础的办法，要想优先发展重工业、快速实现工业化，是绝对做不到的。最有效的办法，就是通过国家统一的和高度集中的计划来配置资源。而共产党恰恰以民主集中制为其组织原则，革命胜利后建立起来的生产资料公有制又使社会主义制度具有了集中力量办大事的条件，而且，经济多少有了一定程度的社会化，规模也不大，从而为国家集中统一调配资金、物资、人力等资源，提供了现实可能性。在这种情况下，两国领导人从马克思关于未来社会将有计划按比例发展经济的设想中受到启发，是很自然的。加之那时对社会主义社会的长期性认识还不足，很容易认为只要生产资料为全社会掌握，就可以按照马克思的设想去做。因此，苏联和中国当初把实行计划经济说成是来自马克思的思想，与其说是为了实践这一思想，不如说是为了自己的实践，从马克思思想宝库中找寻理论根据更为切合实际。

另外，对于新中国来说，当初选择和实行计划经济体制，除了自身发展战略的需要、马克思思想的影响之外，苏联计划经济建立的榜样，也是一个重要原因。中国经济原先就比苏联落后，革命胜利又比苏联晚了32年，因此，苏联仅通过两个五年计划建设就取得了的辉煌成就，特别是在“二战”中战胜了德国法西斯，对中国不可能不产生巨大的示范效应。加之那时苏联正在全面援助中国以重工业为重点的第一个五年计划建设，在这种情况下，学习苏联用计划经济方法搞建设，便成为十分自然的事。

以上说明，新中国无论选择和实行计划经济，还是学习苏联的计划经济，都是出于中国自己的客观需要。还要看到，新中国尽管成立初期对苏联重工业建设和管理的经验基本上照抄照搬，但也是注意结合自己实际情况的，有些地方还有创造；到了“一五”建设后期，更加强调注重自己的经验。那种认为中国实行计划经济是从某种理论出发、完全照搬别国模式的观点，是缺少事实依据的。

总之，对于计划经济经验的总结和研究，一方面，应当站在今天的认识高度，运用今天的眼光；另一方面，绝不能把它放在今天条件下而脱离当时的历史条件。我们不能因为后来实行了社会主义市场经济体制，就否定当初实行计划经济体制的历史必然性和必要性；也不能因为现在放弃了计划经济体制，就不敢理直气壮地肯定计划调节手段对于弥补和抑制市场滞后性、自发性、盲目性等缺陷具有的积极作用；更不能把计划经济体制同社会主义市场经济截然割裂和对立，把计划经济年代形成的经验统统弃如敝履、暴殄天物。

2. 要把总结成功经验与总结失误教训相结合

新中国迄今70多年历史所取得的发展成就，是旧中国几千年所无法比拟的，也是在同时期所有发展中国家中最为耀眼的，即使与相同时段发达国家取得的成就相比，也是毫不逊色的，有些地方甚至大大超过。能在这么短的时间里取得如此辉煌的成就，其中必然蕴含丰富的成功经验。

在新中国的诸多成功经验中，最为显著的一条，便是无论确立国家的基本制度还是制定治国理政的大政方针，都要从本国的实际出发，绝不能照搬别国的模式。例如，在国家基本政治制度的设计上，新中国既没有照搬西方的多党轮流执政制、“三权鼎立”和两院制，也没有照搬苏联的联邦制、一党制，而是从自己的国情出发，实行了人民代表大会制、共产党领导的多党合作制和政治协商制、民族区域自治制。中国共产党在制定治国理政的大政方针时，同样十分注意从本国实际情况出发。例如，20 世纪 50 年代初期制定“一化三改”的社会主义过渡时期总路线，20 世纪 70 年代末、80 年代初制定“一个中心、两个基本点”的社会主义初级阶段的基本路线等，都是如此。这些基本制度和大政方针，对于保证新中国的政权稳固、国家统一、民族团结、社会安定和经济快速发展，都发挥了并仍在发挥着至关重要的作用。

除了上述经验外，新中国 70 多年来，在政治、经济、文化、社会等各个领域也都积累了许多成功经验。例如，改革开放前总结出的经验有：要严格区分和正确处理敌我矛盾和人民内部两类不同性质的矛盾，解决人民内部矛盾要遵循“团结——批评——团结”的公式，在处理共产党与民主党派的关系上要实行“长期共存、互相监督”的方针，建设社会主义要调动一切积极因素、化消极因素为积极因素等，对城乡各阶层要统筹安排，兼顾国家、集体、个人三者的利益；要以农业为基础、以工业为先导、工农业同时并举；要处理好经济建设与国防建设、大型企业与中小型企业、汉族与少数民族、中央与地方、沿海与内地、自力更生与学习外国的关系，以及要处理好消费与积累的关系，要使基本建设与国力相适应；在科学文化工作中要实行“百花齐放、百家争鸣”方针；等等。

在改革开放后总结出的经验有：把坚持四项基本原则同坚持改革开放结合起来，牢牢把握经济建设的中心地位，发挥社会主义制度的优越性和市场配置资源的有效性，坚持公有制为主体、多种所有制经济共同发展相统一，坚持改革力度、发展速度和社会可承受程度相统一，坚持物质文明和精神文明建设相统一；坚持提高效率和促进社会公平相统一，坚持自力更生和参与经济全球化相统一，以及用好国内国际两个市场两种资源；等等。

在中国特色社会主义新时代总结出的经验有：要认识我国社会主要矛盾已由人民日益增长的物质文化需要同落后生产之间的矛盾变为人民日益增长的美好生活需要同不平衡、不充分发展之间的矛盾，要统筹推进“五位一体”总体布局、协调推进“四个全面”战略布局，要贯彻新发展理念、构建新发展格局，要坚持稳中求进的工作总基调，深化供给侧结构性改革，以国内大循环为主体、国内国际双循环相互促进，要坚持总体国家安全观，推动构建人类命运共同体，全面准确推进“一国两制”实践不变形、不走样，要坚持全面从严治党，改变管党治党宽松软的状况，做到反腐败无禁区、全覆盖、零容忍，团结带领人民进行具有许多新的历史特点的伟大斗争；等等。

既然新中国史的主流是成就，它的成功经验当然也是历史经验中的主体；在新中国史研究中，对成功经验的总结理应成为经验总结的重点。但这绝不表明，对历史的支流可以视若无睹。历史辩证法告诉我们，任何事物都有矛盾的两面。发展中有成功，也会有失败；成功有成功的经验，失败有失败的教训。无论成功的经验还是失败的教训，都应当总结，总结出来都可以使后人得到启迪和借鉴，使后来的事情做得更好。而且，在一定程度上，总结失败教训的意义更大。毛泽东说过：“我们有两种经验，错误的经验和正确的经验。正确的经验鼓励了我们，错误的经验教训了我们。”[①]“错误和挫折教训了我们，使我们比较地聪明起来了。”[②]“错误往往是由于经验不足造成的……不犯错误是不可能的，如果我们相信唯物论的话。人的思维不可能完全确切地反映客观实际。人类只能在认识事物的过程中逐渐克服认识的不足，这是没有办法的事。事物是十分错综复杂的，又是在发展变化的，人的思维的反映跟不上客观实际，就一定会犯错误，如果我们相信辩证法的话。”[③]他还说过：“失败是成功之母。失败如果没有什么好处，为什么是成功之母？错误犯得太多了，一定要反过来。这是马克思主义。‘物极必反’，错误成了堆，光明就会到来。”[④]“错误常常是正确的先导。”[⑤]“坏事也算一种经验，也有很大的作用。”[⑥]“犯错误是正确路线形成的必要条

① 《毛泽东文集》第 8 卷，人民出版社 1999 年版，第 338 页。
② 《毛泽东选集》第 4 卷，人民出版社 1991 年版，第 1480 页。
③ 《毛泽东文集》第 7 卷，人民出版社 1999 年版，第 65—66 页。
④ 《毛泽东文集》第 7 卷，人民出版社 1999 年版，第 136 页。
⑤ 《毛泽东选集》第 3 卷，人民出版社 1991 年版，第 803 页。
⑥ 《毛泽东文集》第 7 卷，人民出版社 1999 年版，第 91 页。

件。”[①]他的这些话说明，失败和挫折的教训有时更可宝贵，更应当引起人们的重视。

新中国在社会主义建设时期，出现过几次比较大的错误和挫折，特别是发动“文化大革命”这个全局性、长时间的错误。对此，党的第二个历史决议从党和国家的工作着重点、经济建设的指导思想、所有制结构和经济管理体制、社会的主要矛盾、民主与法制、科教文化和知识分子地位、民族与宗教政策等方面，总结出了十条教训。邓小平针对这些教训说：“我们根本否定‘文化大革命’，但应该说‘文化大革命’也有一‘功’，它提供了反面教训……三中全会确定将工作重点由以阶级斗争为纲转到以发展生产力、建设四个现代化为中心，受到了全党和全国人民的拥护。为什么呢？就是因为有‘文化大革命’作比较，‘文化大革命’变成了我们的财富。”[②]

改革开放以来，中国特色社会主义事业的发展总

① 《毛泽东文集》第7卷，人民出版社1999年版，第375页。

② 《邓小平文选》第3卷，人民出版社1993年版，第272页。

体顺利，没有再发生全局性、长时间的错误。但这不等于在一些具体领域、具体政策、具体做法上，也没有过失误，没有走过弯路、受过挫折，没有值得总结和研究的经验教训。邓小平在1986年底和1987年初，曾就一部分学生受资产阶级自由化分子煽动上街闹事问题指出："从中央到地方，在思想理论战线上是软弱的，丧失了阵地，对于资产阶级自由化是个放任的态度，好人得不到支持，坏人猖狂得很。好人没有勇气讲话，好像自己输了理似的。"[①] 他明确地说："我们的思想战线出现了一些混乱，对青年学生引导不力。这是一个重大失误。"[②]1989年严重政治风波平息后，他进一步指出："十年最大的失误是教育。""今天回过头来看，出现了明显的不足，一手比较硬，一手比较软。"[③] 他还说："这次事件爆发出来，很值得我们思索，促使我们很冷静地考虑一下过去，也考虑一下未来。也许这件坏事会使我

---

① 《邓小平文选》第3卷，人民出版社1993年版，第195页。
② 《邓小平文选》第3卷，人民出版社1993年版，第198页。
③ 《邓小平文选》第3卷，人民出版社1993年版，第306页。

们改革开放的步子迈得更稳、更好，甚至于更快，使我们的失误纠正得更快，使我们的长处发扬得更好。”① 此后，他又多次论述了那场政治风波带给人们的教训，并尖锐指出：在党的第二代中央领导集体领导下，党和国家的工作“基本上是做得好的，但也有失误，甚至是重要的失误。两个总书记失职，不是重要的失误吗？”两个总书记的“错误不是一般性的错误，而是政治思想原则问题的错误，是带根本性质的错误”②。

从《邓小平文选》和《邓小平年谱》中都可以看出，他对改革开放时期教训的总结，主要集中在坚持四项基本原则，反对资产阶级自由化，惩治腐败，重视维护社会稳定，把国家主权安全放在第一位，贯彻“两手抓、两手都要硬”的方针，防止两极分化，防止党内特别是中央出问题等八个方面。他说：“四个坚持本身没有错，如果说有错误的话，就是坚持四项基本原则还不

① 《邓小平文选》第 3 卷，人民出版社 1993 年版，第 304 页。

② 《邓小平年谱（1975—1997）》，（下卷）中央文献出版社 2004 年版，第 1295 页。

够一贯……四个坚持、思想政治工作、反对资产阶级自由化、反对精神污染，我们不是没有讲，而是缺乏一贯性，没有行动，甚至讲得都很少。”① 他还说：“这次出这样的乱子，其中一个原因，是由于腐败现象的滋生，使一部分群众对党和政府丧失了信心。因此，我们首先要清理自己的错误。”②“不惩治腐败，特别是党内的高层的腐败现象，确实有失败的危险。”③“腐败现象很严重，这同不坚决反对资产阶级自由化有关系。这次动乱后，大家的头脑清醒了。”④“这次动乱从反面教育了我们。国家的主权、国家的安全要始终放在第一位，对这一点我们比过去更清楚了。西方的一些国家拿什么人权、什么社会主义制度不合理不合法等做幌子，实际上是要损害我们的国权。”⑤“我们讲要防止两极分化，实际上两极分化自然出现……少部分人获得那么多财富，大多数

---

① 《邓小平文选》第 3 卷，人民出版社 1993 年版，第 305 页。
② 《邓小平文选》第 3 卷，人民出版社 1993 年版，第 300 页。
③ 《邓小平文选》第 3 卷，人民出版社 1993 年版，第 313 页。
④ 《邓小平文选》第 3 卷，人民出版社 1993 年版，第 325 页。
⑤ 《邓小平文选》第 3 卷，人民出版社 1993 年版，第 348 页。

人没有，这样发展下去总有一天会出问题……过去我们讲先发展起来。现在看，发展起来以后的问题不比不发展时少。”[①]“开放以后，一些腐朽的东西也跟着进来了，中国的一些地方也出现了丑恶的现象，如吸毒、嫖娼、经济犯罪等。要注意很好地抓，坚决取缔和打击，决不能任其发展。”[②]他还说：“中国要出问题，还是出在共产党内部。对这个问题要清醒，要注意培养人，要按照‘革命化、年轻化、知识化、专业化’的标准，选拔德才兼备的人进班子。”[③]后来的大量事实证明，邓小平总结的这些教训，至今仍然没有过时，仍然值得人们特别是走上领导岗位的年轻干部认真记取，时刻警惕，切实防范。

改革开放初期有失误的教训需要总结，后来也有失误，也需要总结教训。习近平总书记在党的十九届六中全会上对第三个历史决议作说明时指出：“改革开放以

---

① 《邓小平年谱》下，中央文献出版社 2004 年版，第 1364 页。

② 《邓小平文选》第 3 卷，人民出版社 1993 年版，第 379 页。

③ 《邓小平文选》第 3 卷，人民出版社 1993 年版，第 380 页。

来，尽管党的工作中也出现过一些问题，但总体上讲党和国家事业发展是顺利的，前进方向是正确的，取得的成就是举世瞩目的。”基于这个情况，决议把着力点放在了总结党的百年奋斗重大成就和历史经验上，其中的重点又是中国特色社会主义新时代。然而，正如习近平总书记在决议说明中所说，总结党的百年奋斗重大成就和历史经验，一方面，要“坚持正确党史观、树立大历史观，准确把握党的历史发展的主题主线、主流本质”；另一方面，也要“正确对待党在前进道路上经历的失误和曲折，从成功中吸取经验，从失误中吸取教训，不断开辟走向胜利的道路”①。

例如，党的第三个历史决议中指出：改革开放以来，“国内改革发展稳定面临不少长期没有解决的深层次矛盾和问题以及新出现的一些矛盾和问题”；以习近平同志为核心的党中央，“解决了许多长期想解决而没有解决的难题，办成了许多过去想办而没有办成的大

① 《中共十九届六中全会文件汇编》，人民出版社 2021 年版，第 111 页。

事，推动党和国家事业取得历史性成就、发生历史性变革。”① 显而易见，这里说的“长期没有解决的深层次矛盾和问题”“新出现的一些矛盾和问题”“长期想解决而没有解决的难题”“过去想办而没有办成的大事”，很多都是由于工作失误和不足造成的。其中就包括“管党治党一度宽松软带来党内消极腐败现象蔓延、政治生态出现严重问题，党群干群关系受到损害，党的创造力、凝聚力、战斗力受到削弱”②。

党的二十大报告在论及 2012 年前我们党面对的形势时，一方面指出改革开放和社会主义现代化建设取得巨大成就，党的建设新的伟大工程取得显著成效；另一方面指出有人对坚持党的领导认识模糊、行动乏力，一些党员、干部政治信仰发生动摇，形式主义、官僚主义、享乐主义、奢靡之风屡禁不止，一些人对中国特色社会主义政治制度自信不足，历史虚无主义等错误思潮

① 《中共十九届六中全会文件汇编》，人民出版社 2021 年版，第 49—50 页。

② 《中共中央关于党的百年奋斗重大成就和历史经验的决议》，人民出版社 2021 年版，第 26 页。

不时出现，党内和社会上不少人对党和国家前途忧心忡忡等一系列长期积累及新出现的突出矛盾和问题。所有这些都说明，在新中国史的经验总结和研究中，既要把重点放在成功经验上，也不能忽略失误、挫折的教训。

3. 要把从不同领域总结经验与从宏观层面总结相结合

毛泽东在《矛盾论》中曾指出："就人类认识运动的秩序说来，总是由认识个别的和特殊的事物，逐步地扩大到认识一般的事物。"[①] 总结和研究历史经验，也要遵循这样的认识路线。他在延安时期论述调查研究工作时就是这样说的，他说：对于近百年的中国史，"应先作经济史、政治史、军事史、文化史几个部门的分析的研究，然后才有可能作综合的研究"[②]。他的这个意见，对于我们今天总结和研究新中国的历史经验，同样具有指导意义。

在新中国史研究中，各个领域需要总结和研究的经

① 《毛泽东选集》第1卷，人民出版社1991年版，第309页。

② 《毛泽东选集》第3卷，人民出版社1991年版，第802页。

验有很多。然而一般情况下，凡是强调要加强对历史经验的总结，首先指的是要加强对宏观经验的总结。因为人的思维规律决定了，认识个别和局部虽然是认识一般和全局的前提，但归纳和综合是使个别和局部认识得到升华的必要途径，人只有获得对一般和全局的认识，才能更有利于对个别和局部的认识。同样，总结各领域经验虽然是总结宏观经验的前提，但只有总结宏观经验，才能更有利于对各领域经验的总结。如果只关注总结各领域的经验，而忽视对国家宏观经验的总结，不仅总结出的经验难以全面，而且很可能使人在事关国家发展方向、大政方针这类涉及全局性、整体性、综合性的问题面前，失去应有的判断力、辨别力，甚至成为错误经验总结的俘虏。那样，各领域的经验也是总结不好的。

在如何处理各个领域经验和宏观层面经验的关系问题上，党的第三个历史决议作出了很好的示范。决议先是分别从 13 个方面，即坚持党的全面领导、全面从严治党、经济建设、全面深化改革开放、政治建设、全面依法治国、文化建设、社会建设、生态文明建设、国防和军队建设、维护国家安全、坚持“一国两制”和推进祖国统一、外交工作等方面，进行新时代经验的总结。在这13个方面，决议都总结了各自领域的经验。同时，决议又从宏观层面，总结了新时代的全局性经验，其中包括坚持把马克思主义基本原理同中国具体实际相结合、同中华优秀传统文化相结合，统筹推进“五位一体”总体布局，协调推进“四个全面”战略布局，统筹国内国际两个大局，统揽伟大斗争、伟大工程、伟大事业、伟大梦想，坚持稳中求进工作总基调，等等。它们是从13个方面的经验中提炼、归纳、综合出来的，因此，反过来对每个方面的工作都适用，都有重要的指导意义。

从宏观层面总结和研究新中国的历史经验，非常重要的一个问题，就是如何看待当代中国的社会发展阶段。70多年来，人们围绕这个问题进行了不间断的艰辛探索，走过不少弯路，出现过一些反复，也取得过重大成就，总结出一套比较完善和成熟的经验，走出了一条符合中国实际的发展道路。这条道路，就是中国特色社会主义道路。具体说，就是新中国已经进入社会主义社会，但仍然处在社会主义的初级阶段，必须在经济社会等各个方面，采取与这个阶段生产力水平相适应的政策；同时，必须坚持社会主义的基本原则，朝着社会主义高级阶段的方向不断前进，为最终实现共产主义创造条件。今天，当我们身处中国特色社会主义新时代，再回过头总结 70 多年来对中国社会发展阶段问题的探索，起码可以得出三点结论：第一，社会主义社会里有初级阶段和高级阶段之分；第二，社会主义初级阶段里也有不同阶段；第三，社会主义初级阶段要向社会主义高级阶段发展。

4. 要把分不同时期总结经验与把各个历史时期贯通起来总结相结合

前文已讲过，新中国至今 70 多年大致有五个历史时期，但如果要把 70 多年的不同历史时期的划分再简化一下，最明显的不同是，改革开放前和改革开放后两个历史时期的区别。正如习近平总书记所说，这两个时期“在进行社会主义的思想指导、方针政策、实际工作上有很大差别”[1]。所以，我们总结和研究它们的历史经验，需要分别放在各自的历史时期中。例如，健全党委领导下的厂长（经理）负责制，做好统购统销工作，处理农村三级所有制经济之间的关系，做好城市消费品的计划供应工作等问题，基本发生在改革开放前，总结和研究这方面的历史经验，只能是放在对那个历史时期的研究之中。而发挥市场经济条件下的宏观调控作用，解决土地承包条件下的农田水利建设、农村环境污染问题，在青壮年大量涌入城市的情况下实施乡村振兴战略、建设社会主义新农村，防止官商勾结、权钱交易、买官卖官，加强对互联网的监管等问题，改革开放前基本不存在，总结和研究这方面的历史经验，也只适合放在对改革开放后历史时期的研究之中。

然而，新中国历史无论划分多少阶段，迄今为止的基本国情并没有根本性的改变。70 多年来，除最初 7 年处在由新民主主义社会向社会主义社会的过渡中

① 《十八大以来重要文献选编》(上)，中央文献出版社 2014 年版，第 111 页。

外，1956—1978年的22年实行高度集中的计划经济体制，1978年后实行计划经济加市场调节，1992年后实行社会主义市场经济，2012年后进入中国特色社会主义新时代，其他情况基本差不太多。比如，这70多年都是在共产党领导之下，实行的都是社会主义制度，基本处于社会主义初级阶段，都有人口多、耕地少、底子薄、资源缺的特点，而且，“本质上都是我们党领导人民进行社会主义建设的实践探索”[①]。因此，各个历史时期虽然有各自的特殊问题，有的问题差别还非常大，但也存在不少共性问题。例如，如何把马克思主义基本原理与中国的建设实际结合得更好，如何使生产关系、上层建筑与生产力、经济基础更适应，如何使国民经济既快速又稳妥地向前发展，如何处理好经济建设与政治、文化、社会建设的关系，如何回应和兼顾人民内部各种利益的诉求，如何最大限度地激发群众的积极性、创造力，如何正确区分和处理敌我与人民内部两类不同性质

① 《十八大以来重要文献选编》(上)，中央文献出版社2014年版，第112页。

的矛盾，如何保证共产党特别是党的各级领导干部不脱离群众，等等。另外，有些现象，如急于求成、走极端、“大呼隆”、“一刀切”、“花架子”等，以及地方保护主义、机关官僚主义等，也是许多历史时期都出现过的。如果仅仅把总结和研究历史经验局限于某一个历史时期，而不是把各个历史时期贯通和联系起来，显然不利于对问题的认识和解决。

马克思主义哲学认为，物质运动的存在形式是时间和空间。因此，要认清某个事物，对它观察的时间越长、空间越大，越有利。毛泽东说过：“人对事物的认识，总要经过多少次反复，要有一个积累的过程。”[①] 他在 1960 年还讲过：“由必然王国到自由王国的飞跃，是在一个长期认识过程中逐步地完成的。对于我国的社会主义革命和建设，我们已经有了十年的经验了，已经懂得了不少的东西了。但是我们对于社会主义时期的革命和建设，还有一个很大的盲目性，还有一个很大的未被

① 《毛泽东文集》第 8 卷，人民出版社 1999 年版，第 389 页。

认识的必然王国，我们还不深刻地认识它。”[①] 习近平总书记在2013年“一五”讲话中阐释中国特色社会主义的本质，也是把社会主义运动放在世界范围内和它的全部历史过程来观察的，其中包括欧洲空想社会主义的产生和发展，马克思、恩格斯创立科学社会主义理论体系，列宁领导十月革命胜利并实践社会主义，苏联模式的逐步形成，新中国成立后对社会主义的探索和实践，开创和发展中国特色社会主义，前后六个时间段，[②] 上下跨跃500年。

过去总结和研究新中国史经验，往往要么局限于改革开放前的历史时期，要么局限于改革开放后的历史时期，很少把它们打通。之所以出现这种情况，一个主要原因是前一阶段，在对待改革开放前后两个历史时期相互关系的认识上，存在误区和禁忌。然而，党的十八大

---

① 《毛泽东文集》第8卷，人民出版社1999年版，第198页。

② 《习近平在新进中央委员会的委员、候补委员学习贯彻党的十八大精神研讨班开班式上发表重要讲话强调 毫不动摇坚持和发展中国特色社会主义 在实践中不断有所发现有所创造有所前进》，《人民日报》2013年1月6日。

之后，这种误区和禁忌已经被习近平总书记澄清和打破了。既然如此，总结新中国史的经验，就不应当再在这两个历史时期之间设置人为的障碍，而应当理直气壮地把它们联系和贯通起来。

现在，新中国已经有了70多年历史，不仅经历了社会主义革命和建设，也经历了改革开放和社会主义现代化建设；不仅同世界上绝大多数国家建立起了外交关系，恢复了在联合国的合法席位，还加入或发起成立了上百个国际组织，深入开展了全方位、多层次、立体化的外交布局，使自己在国际舞台上得到了更大的施展空间。所有这些，使我们有了在较长时间段和较大空间范围里总结新中国历史经验的客观条件。特别是党的十八大后，中国特色社会主义进入新时代，中国站到了新的历史起点上，形成了习近平新时代中国特色社会主义思想，使我们有了在新的认识高度，为通盘总结和研究新中国历史经验提供了必要的主观条件。具备了以上有利的客观条件和主观条件，我们更应当把改革开放前后两个历史时期的经验联系起来总结。这无论对于全面、深入地总结和研究新中国的历史经验，还是对于今后在建设社会主义现代化国家的过程中少走弯路、少付“学费”，都是十分必要的。

如何把新中国史经验贯通起来总结，是一个重大而严肃的课题，可以有许多不同的视角和重点。党的第三个历史决议把包括新中国成立后 70 多年历史在内的党的百年历史，进行了贯通总结，概括出了十条经验。这些经验是党中央站在党的百年历史的高度，从国内国际的广阔视野来总结的，具有毋庸置疑的权威性和指导性，是所有人都应当深刻领会、切实记取的。作为新中国史的学者，从学术研究的角度总结历史经验，不可能达到党中央那样的高度，不可能像党中央总结的那样全面、准确、深刻，但同样有必要对新中国历史中各个时期的经验贯通起来总结。

在处理中央与地方、政府与群众的关系上，70 多年里就有许多经验和教训十分相似。1956 年，毛泽东《论十大关系》的讲话中谈到正确处理国家、生产单位和生产者个人的关系，中央和地方的关系，党和非党的关系，指出必须兼顾国家、集体和个人三方面的关系，发挥中央和地方两个积极性，保留民主党派并发挥它们的作用，同时，坚持和加强共产党的领导和无产阶级专政。后来的实践一再说明，我们国家发展得顺利与否，很大程度上就取决于这些关系处理得是否恰当。

改革开放前，有过权力过于集中的情况，也有过该集中的权力集中不够的情况。改革开放后，汲取了“文化大革命”时期的教训，着力解决权力过于集中的问题，在政治上推进政治体制改革，实行党政分工；经济上推进经济体制改革，实行放权让利，对发扬民主、克服官僚主义、调动各方面积极性、搞活经济等，都起到了积极作用。但与此同时，也带来了权力过于分散和党的集中统一领导在某种程度上被弱化的问题，有令不行、有禁不止的现象比较普遍，有的地方、有的部门、有的人甚至发展到各自为政、搞独立王国的地步。

党的十八大以来，在继续坚持发扬民主，调动各部门、各地方、各方面积极性的同时，突出强调要保证党领导人民有效治理国家，切实防止出现群龙无首、一盘散沙、民族隔阂、相互掣肘、内耗严重等现象。习近平总书记着重指出："坚持中国特色社会主义政治发展道路，关键是要坚持党的领导，人民当家作主、依法治国有机统一。"[①]"我国《宪法》以根本法的形式反映了党带领人民进行革命、建设、改革取得的成果，确立了在历史和人民选择中形成的中国共产党的 领导地位。"[②]"我国人民民主与西方所谓的'宪政'本质上是不同的。中国共产党领导是中国特色社会主义最本质的特征。"[③]显然，这些论述就是贯通总结新中国 70 多年历史经验得出的重要结论。

在全局层面反对"左"与右两种倾向上，各个时期也有类似的经验。1939 年，毛泽东就《孔子的哲学思想》一文致信张闻天，谈到孔子的中庸思想，指出："'过犹不及'是两条战线斗争的方法，是重要思想方

① 《十八大以来重要文献选编》(上)，中央文献出版社 2014 年版，第 88 页。

② 《习近平关于社会主义政治建设论述摘编》，中央文献出版社 2017 年版，第 30 页。

③ 《习近平关于社会主义政治建设论述摘编》，中央文献出版社 2017 年版，第 27—28 页。

法之一。一切哲学，一切思想，一切日常生活，都要作两条战线斗争，去肯定事物与概念的相对安定的质。”[①]他说：“‘过’的即是‘左’的东西，‘不及’的即是右的东西。依照现在我们的观点说来，过与不及乃指一定事物在时间与空间中运动，当其发展到一定状态时，应从量的关系上找出与确定其一定的质，这就是‘中’或‘中庸’，或‘时中’。说这个事物已经不是这种状态而进到别种状态了，这就是别一种质，就是‘过’或‘左’倾了。说这个事物还停止在原来状态并无发展，这是老的事物，是概念停滞，是守旧顽固，是右倾，是‘不及’。”[②]毛泽东在新中国成立后常常告诫全党“要注意一个倾向掩盖着另一个倾向”[③]。但遗憾的是，改革开放前的历史时期，有些事明明已经很“左”了，还要坚持反右，结果导致“左”的倾向进一步发展，给人民和国家利益造成损害。1959年开展“反右倾”斗争，1974

① 《毛泽东文集》第2卷，人民出版社1993年版，第161页。

② 《毛泽东文集》第2卷，人民出版社1993年版，第162页。

③ 引自周恩来在中共十大上的报告。

年开展“批林批孔”批极右，搞“评法批儒”批“右倾回潮”，结果越闹越“左”。这些都是典型事例。

党的十一届三中全会后，吸取了过去的教训，在重点纠正“左”的错误的同时，对资产阶级自由化和精神污染等右的倾向也没有视而不见，不是一股劲地坚持反“左”，而是有“左”反“左”、有右反右。但是，在 20 世纪 80 年代，也发生明明妨碍社会稳定的主要是来自右的倾向，却一味强调“左”是主要倾向的情况，导致右的倾向越来越严重，直至发生学潮和动乱。

党的十八大以来，党中央没有再讲“左”和右的问题，而是强调“要高度重视苗头性、倾向性问题”①，并实事求是地提出各领域存在的主要倾向。在体制改革的问题上，明确反对把改革开放定义为西方的“宪政”和“普世价值”，强调改革的“实质是改什么、不

---

① 《习近平关于总体国家安全观论述摘编》，中央文献出版社 2018 年版，第 111 页。

改什么，有些不能改的，再过多长时间也是不改”[①]。在意识形态问题上，强调对于重大原则问题，“不要躲躲闪闪、含糊其辞”[②]，“不当绅士，不做‘骑墙派’和‘看风派’，不能搞爱惜羽毛那一套”[③]，要“敢抓敢管，敢于亮剑”[④]，“要增强阵地意识”[⑤]，“坚持党性原则”[⑥]，批驳错误言论“与韬光养晦或不争论是两码事”[⑦]。在党风建设问题上，强调“革命理想高于天”，防止精神上的软骨病，提出“现在的主要倾向不是严了，而是失之于宽、

---

① 《习近平关于总体国家安全观论述摘编》，中央文献出版社 2018 年版，第 111 页。

② 《习近平关于社会主义文化建设论述摘编》，中央文献出版社 2017 年版，第 25 页。

③ 《习近平关于社会主义文化建设论述摘编》，中央文献出版社 2017 年版，第 45 页。

④ 《习近平关于社会主义文化建设论述摘编》，中央文献出版社 2017 年版，第 27 页。

⑤ 《习近平关于社会主义文化建设论述摘编》，中央文献出版社 2017 年版，第 30 页。

⑥ 《习近平关于社会主义文化建设论述摘编》，中央文献出版社 2017 年版，第 41 页。

⑦ 《习近平关于社会主义文化建设论述摘编》，中央文献出版社 2017 年版，第 209 页。

失之于软”[1]。这些说明，在反倾向的问题上，我们党汲取了各个历史时期的经验教训，做到了从实际出发、分类指导，不再把反对某种主要倾向凝固化和扩大化，有什么倾向反对什么倾向，同时防止一种倾向掩盖另一种倾向。

新中国 70 多年历史不同阶段带有共性的经验远不止这些，举以上例子，不过是为了说明，在总结新中国史经验时，把各个历史时期联系和贯通起来，问题会看得更清楚，经验会总结得更深入。

中国的 5000 年历史虽然经历过奴隶制社会、封建社会、半殖民地半封建社会，但基本都处于剥削社会和农业社会。而新中国至今只有短短 70 多年，却由新民主主义社会先后进入社会主义社会和中国特色社会主义社会，由农业社会依次进入工业化社会、电气化社会、电子化社会、网络化社会，现在又开始进入智能化社会。尽管以上几种物质生产方式依然交叉并存，但毫不

① 《十八大以来重要文献选编》(中)，中央文献出版社 2016 年版，第 98 页。

夸张地说，新中国至今短短 75 年的历史，是中国 5000 多年历史中发展最快、变化最大、过程最精彩、气势最恢弘的时期。

习近平总书记在 2019 年参加全国政协十三届二次会议文化艺术界、社会科学界委员联组会时指出：在新中国 70 年里“我们的国家发生了翻天覆地的变化，中华民族迎来了从站起来、富起来到强起来的伟大飞跃。无论是在中华民族历史上，还是在世界历史上，这都是一部感天动地的奋斗史诗。”他希望大家“深刻反映七十年来党和人民的奋斗实践，深刻解读新中国七十年历史性变革中所蕴藏的内在逻辑，讲清楚历史性成就背后的中国特色社会主义道路、理论、制度、文化优势，更好用中国理论解读中国实践，为党和人民继续前进提供强大精神激励”[①]。只要学习了新中国史，对这段话一定会体会得更为深切。现在，新中国的历史又增加了 5 年，学习的内容更加丰富了。我们应当按照以习近平

① 习近平：《论党的宣传思想工作》，中央文献出版社 2020 年版，第 370—371 页。

同志为核心的党中央的要求，坚持唯物史观，树立大历史观，准确把握历史的主题主线、主流本质，从新中国史中汲取经验，汲取智慧，汲取力量，通过学习新中国史，进一步坚定“四个自信”，更加自觉地投身到中国特色社会主义事业中，沿着前辈的足迹，继续前进。

居安思危·世界社会主义小丛书
（已出书目）

序号	作者	书名	审稿人
		第一辑	
1	李慎明	忧患百姓忧患党 ——毛泽东关于党不变质思想探寻	侯惠勤
2	陈之骅	俄国十月社会主义革命	王正泉
3	毛相麟	古巴：本土的可行的社会主义	徐世澄
4	徐世澄	当代拉丁美洲的社会主义思潮与实践	毛相麟
5	姜　辉 于海青	西方世界中的社会主义思潮	徐崇温
6	何秉孟 李　千	新自由主义评析	王立强
7	周新城	民主社会主义评析	陈之骅
8	梁　柱	历史虚无主义评析	张树华
9	汪亭友	“普世价值”评析	周新城
10	王正泉	戈尔巴乔夫与“人道的民主的社会主义”	陈之骅

序号	作者	书　名	审稿人
		第二辑	
11	王伟光	马克思主义与社会主义的历史命运	侯惠勤
12	李慎明	居安思危：苏共亡党的历史教训	课题组
13	李　捷	毛泽东对新中国的历史贡献	陈之骅
14	靳辉明 李瑞琴	《共产党宣言》与世界社会主义	陈之骅
15	李崇富	毛泽东与马克思主义中国化	樊建新
16	罗文东	中国特色社会主义理论与实践	姜　辉
17	吴恩远	苏联历史几个争论焦点真相	张树华
18	张树华 单　超	俄罗斯的私有化	周新城
19	谷源洋	越南社会主义定向革新	张加祥
20	朱继东	查韦斯的“21世纪社会主义”	徐世澄
21	卫建林	全球化与共产党	姜　辉
22	徐崇温	怎样认识民主社会主义	陈之骅
		第三辑	
23	王伟光	谈谈民主、国家、阶级和专政	姜　辉
24	刘国光	中国经济体制改革的方向问题	樊建新
25	有林等	抽象的人性论剖析	李崇富
26	侯惠勤	中国道路和中国模式	李崇富

序号	作者	书　名	审稿人
27	周新城	社会主义在探索中不断前进	陈之骅
28	顾玉兰	列宁帝国主义论及其当代价值	姜　辉
29	刘淑春	俄罗斯联邦共产党二十年	陈之骅
30	柴尚金	老挝：在革新中腾飞	陈定辉
31	迟方旭	建国后毛泽东对中国法治建设的创造性贡献	樊建新
32	李艳艳	西方文明东进战略与中国应对	于　沛
		第四辑	
33	王伟光	纵论意识形态问题	姜　辉
34	朱佳木	中国特色社会主义纵横谈	朱峻峰
35	姜　辉	21 世纪世界社会主义的新特点	陈之骅
36	樊建新	我国社会主义初级阶段的基本经济制度	周新城
37	周新城	当代中国马克思主义政治经济学的若干理论问题	樊建新
38	赵常庆	社会主义在哈萨克斯坦的兴衰	陈之骅
39	李东朗	中国共产党是抗日战争的中流砥柱	张海鹏
40	王正泉	苏联伟大卫国战争	陈之骅
41	于海青 童　晋	欧洲共产党与反法西斯抵抗运动 ——镌刻史册的伟大贡献	姜　辉
42	张　剑	社会主义与生态文明	李崇富

序号	作者	书 名	审稿人
		第五辑	
43	王伟光	新时代中国特色社会主义的理论成果	陈之骅
44	朱佳木	同历史虚无主义思潮斗争的有力思想武器	朱峻峰
45	程恩富 段学慧	《资本论》与社会主义建设	周新城
46	李崇富	谈谈列宁主义	陈之骅
47	张树华	苏联共产党意识形态工作的教训	吴恩远
48	石镇平	马克思的社会主义观	周新城
49	王　广	马克思主义与全面依法治国	侯惠勤
50	李艳艳	美国互联网政治意识形态输出战略与应对	于　沛
51	雷虹艳	美国的社会主义运动与思潮	姜　辉
52	章忠民等	解码新时代中国特色社会主义	程恩富
		第六辑	
53	李慎明	“依法治国”的十个理论问题	程恩富
54	朱佳木	中华人民共和国史编研的若干基本问题	陈之骅
55	徐世澄	古巴经济和社会模式的更新	毛相麟
56	侯惠勤	中国特色社会主义的哲学坚守与创新	李景源

序号	作者	书　名	审稿人
57	李包庚等	人类命运共同体：破解全球治理危机的中国方案	汪亭友
58	于　军 张　弦	“一带一路”倡议与构建人类命运共同体	樊建新
59	李晓燕	21 世纪西方新社会运动的新特点和新趋势	姜　辉
60	童　晋	国外左翼学者的社会主义观	程恩富

第七辑

序号	作者	书　名	审稿人
61	马细谱	三个南斯拉夫	陈之骅
62	陈之骅	巴黎公社：世界上第一个无产阶级政权——纪念巴黎公社革命 150 周年	汪亭友
63	程恩富 朱炳元	恩格斯对马克思主义政治经济学的重大贡献	余　斌
64	王伟光	百年未有之大变局下国际时局的哲学研判	陈之骅
65	孙　夺	列宁对伯恩施坦主义批判的政治学思考	陈之骅
66	张文木	美国帝国主义是资本主义的没落阶段	姜　辉
67	李　捷	从五条脉络看百年党史（上）	龚　云
68	李　捷	从五条脉络看百年党史（下）	龚　云

序号	作者	书 名	审稿人
69	王传利	共产党人的信仰坚守和顽强斗争	程恩富
70	朱佳木	社会主义的初级阶段与初级阶段的社会主义	樊建新

第八辑

序号	作者	书 名	审稿人
71	李慎明等	苏联亡党亡国的根本原因、教训与启示	陈之骅
72	李正华等	中国社会主义制度简史	龚 云
73	朱佳木	新中国史是坚持和发展中国特色社会主义的必修课	龚 云